高校体育教学及课程体系发展研究

王 楠 著

吉林大学出版社

·长 春·

图书在版编目(CIP)数据

高校体育教学及课程体系发展研究/ 王楠著.
长春 : 吉林大学出版社，2024. 10. -- ISBN 978-7
-5768-3986-9
Ⅰ. G807.4
中国国家版本馆 CIP 数据核字第 20247ZK851 号

书　　名　高校体育教学及课程体系发展研究
　　　　　GAOXIAO TIYU JIAOXUE JI KECHENG TIXI FAZHAN YANJIU

作　　者　王　楠

策划编辑　王宁宁

责任编辑　王默涵

责任校对　赵黎黎

装帧设计　程国川

出版发行　吉林大学出版社

社　　址　长春市人民大街 4059 号

邮政编码　130021

发行电话　0431－89580028/29/21

网　　址　http://www.jlup.com.cn

电子邮箱　jldxcbs@sina.com

印　　刷　吉林省极限印务有限公司

开　　本　787mm×1092mm　1/16

印　　张　10.5

字　　数　139 千字

版　　次　2024 年 10 月第 1 版

印　　次　2024 年 10 月第 1 次

书　　号　ISBN 978-7-5768-3986-9

定　　价　78.00 元

前　言

现代体育教学逐渐发展成科学的教学、全面的教学，培养德、智、体、美、劳全面发展人才的教学。如今，体育教学越来越受到人们的重视，在社会中发挥着越来越重要的作用。高等体育教学作为一门新兴的学科，无论是在理论指导思想上，还是在研究过程的方法体系上，都清晰地表现出其学科建设的特点。当前中国的高校体育教学体制以教育思想为准绳，也正随着教育思想的变化而做出相应的变革，教学内容、教学方法以及教学评价等正在不断发生变化。

在新课程改革的推进下，中国的体育教育得到了迅速发展，高校教师的教学观念发生了深刻变化。中国高校体育教学的改革，已经成为迫在眉睫的一项重要教育改革任务。我们必须树立正确的教育改革观念以及全面的育人观念并用"学有所用"的教育理念论述这一教学改革的合理性、科学性，用实践检验出改革传统体育教学的必要性，解决高校体育教学面临的现实问题，提高学生的创造性思维。

在写作本书的过程中，笔者查阅和引用了网络、图书以及期刊等相关资料，因涉及内容较多，在这里不一一注明引用出处。谨向本书所引用资料的作者表示诚挚的感谢。此外，本书在写作过程中，得到了相关专家和同行的支持与帮助，在此一并致谢。由于水平有限，书中难免出现疏漏，恳请广大读者指正！

目 录

第一章　体育教学概述

第一节　体育教学的概念和性质

一、教学和体育教学

(一)教学的概念

为了更好地理解体育教学的概念,可以先对教学的概念进行分析。总的来看,教学的概念可以分为广义和狭义两个方面。

从广义的角度来看,教学是在某种特定形式下开展的教育活动。在这一活动中,负责传授某种知识或技能的教学者对受教育者进行教育,让受教育者获得这种知识或技能的活动。其中的教学者可以是教育者,也可以是某种知识的掌握者,所教授的内容可以是某种知识,也可以是某种技能。

从狭义的角度来看,教学是指单纯的学校教学,它由教师和学生两个主体协作完成,是以特定文化为对象的教与学相通的活动。在教学活动中,教师扮演着组织者和引导者的角色。新时代,有关教学的基本观念是:教学是教与学的统一,教融入学中,而学有所教。

通过对教学两个方面的概念理解之后,可以总结出教学的概念是在教育目的的规范下,教师的教与学生的学共同组成的一种教育活动。

(二)体育教学的概念

在分析了教学的概念之后,再将其与体育的概念相结合,基本能够认定体育教学的概念。由此可见,体育教学与教学有很多相似的地方,它也是一种有目的、有计划、有组织地对学生传授知识和技能的教育过程。只不过体育教学的内容为体育相关的知识与技能,教学方法也与其他学科的教学方法有所不同。

体育教学并不是一种随意而行的教学活动,也不是完全的娱乐活动,而是需要很多的要素构成才可以正常、合理、科学地开展。一般来说,体育教学主要由以下八个基本因素组成。

1.学生

学生是体育教学的主体之一,没有学生就不存在体育教学,没有学生就没有组织教学。总之,学生是体育教学中的主体因素,也是最活跃的因素。

2.教师

教师是体育教学的主体之一,没有教师就不存在体育教学,没有教师就没有体育教学中的"引导者和组织者"。在现代体育教学中,体育教师在完成现有课程教学的基础上还要成为体育课程的建设者和开发者。

3.教学环境

教学环境是支持体育教学顺利开展的各种软件、硬件条件的综合。良好的教学环境对体育教学起着积极的作用。体育教学中一些运动项目的教学对场地条件和设施有着不低的要求,相比其他学科的教学来说,体育教学对教学环境的要求更高。

4.教学目标

教学目标是教师开展体育教学的基本依据,体育教学没有目标就变成了无头苍蝇,难以向前发展。在体育教学实践中具有多层次的体育教学目标是体育教学中的定向评价因素。

5.教学内容

教学内容是内容的实体(课程)和内容的载体(教科书)共同组成的,

它们是体育教师根据社会的要求、学科的体系和学生的需要选编出来的。没有具体的教学内容,体育教学就显得空洞化了。

6.教学过程

教学过程是教学的中心因素。没有了体育教学过程,就没有了时间和程序上的支撑,也就无从谈起教学的组织和管理。

7.教学方法

教学方法与目标、教师、学生等因素有着密切的联系,它是教师根据教学目标和学生的学习情况选择的有效的教学技术和手段,是教师为帮助学生理解学习内容的各种信息传递方式。

8.教学评价

教学评价与教学目标、教师之间有着密切的联系,它是教师根据具体的教学目标制定的各种评价、考核指标,这些指标既包括教师的教学工作,也包括学生的学习情况。

综上所述,便可以总结归纳出体育教学的概念,即指在学校教育中,由体育教师和学生协同完成的以传授体育知识和体育技能为手段,增进学生身心健康,提高学生的身体活动能力、对自然和社会环境的适应能力,培养学生良好的思想品德,促进学生的个性发展为目标的教育过程。

二、体育教学的性质

在了解体育教学概念后,就要对其另一项基本知识进行研究,这就是关于体育教学性质的问题。事物的性质与其他事物区分的最明显差异。性质不同的两种事物其带来的表象自然有一定的区别。就体育教学来说,正是因为它本身所具有的体育教学性质,才能明显区别于数学、语文、英语、艺术等其他学科。

因此,通过归纳可以找到体育教学的诸多特征,如教学地点多为户外;教学中师生都要承受一定的运动负荷与心理负荷;教学过程是身体活动与思维活动的结合,是频繁的人际交往;教学更加关注学生自我操作与体验;等等。

在体育教学活动中,最重要的形式就是对运动技能的教学,它是体育育人的主要方式。对于运动技能的传授也是体育教学与其他学科教学的主要区别之一。仔细来看,运动技能的形成要经历几个步骤才能最终实现,具体包括动作的认知阶段、联系阶段与完善阶段。在认知阶段中,学生与知识、技能之间的联系最为密切,认知阶段的主要目的就是学生对所学技能的结构、要素、关系、力量、速度等要素进行表象化的认识。由于运动技术是学生完成动作的方法,因此可以认为运动技术不具有人的特性,而只是作为一种"知识",或称为"操作性知识"。

综上所述可以断定,体育教学的性质应该是一种针对运动技术和知识的教学。当学生学会了运动知识并将之转化为运动技能后,体育教学的性质就达成了。当然,体育教学活动地点大多在户外的条件也是区别于其他教学的特征之一,但现代体育教学在室内场馆也非常多见,如果坚持把"户外"作为条件之一,未免有些不严谨和片面。

第二节　体育教学的特点和功能

一、体育教学的特点

体育教学与其他学科教学有许多相似的特点,它们的共性在于都属于教师与学生的双边活动,这是所有教学活动的共性。[1] 教师与学生在教学活动中发生的各种形式的交流都非常频繁,如语言的交流和肢体动作的交流等。首先,过往这种交流更多的是从教师向学生的方向,现代教学同样也注重使这种交流从学生向教师的方向,不过教学仍旧依靠教师对学生在某种知识和技能方面的传授。其次,以班级为单位开展教学活

---

[1] 李艳军. 体育与健康教学策略与学业质量评价[M]. 长春:吉林科学技术出版社,2020:51.

动也是共性,只不过有些时候班级的组成方式会根据不同需要有不同的编排,如可以根据基础的自然班,或是根据学生的不同兴趣组成的体育教学班等。最后,体育教学与其他学科教学的目的都是一样的,即为了传授学生某种知识或技能。

参加体育活动对于促进学生身心发展具有很好的作用。特别是对正处在身体发育旺盛期的青少年及儿童来说有更加重要的意义,在结合体育教学的性质后,可以把体育教学的特点归纳为以下几点。

（一）教学过程的直观性

体育教学过程拥有直观性特点。这种直观性有多种体现,如体育教师对体育教学内容的教授除了要达到与其他学科教师讲解要求一致外,还要求体育教师的语言更加生动,并且还要富有稳定的肢体表现能力,使学生有形象、贴切、有趣的感觉。在某些较难技术动作的体育运动教学中,一方面,教师要把传授的重点进行艺术性的描述;另一方面,还要用生动的语言、巧妙的解释方法把复杂的技术动作简单化,提升学生对学习的自信心,加深学生对教学内容的感知。

实际上,体育教学过程中的每一项内容都具有直观性特点。除刚才说到的课堂讲解,在实践演示中也是如此。在教师运用示范法时,要运用非常直观形象的动作示范,其中包括正确动作的演示和错误动作的演示,这些演示都需非常直观地展现在学生眼前。这样才会使学生直接感知动作的正确与错误,以利于他们建立正确的、清晰的运动表象。当学生获得正确表象后,才能使之与思维结合起来,从而达到掌握体育知识和技能的目的,同时,还发展了自身的观察能力和形象思维能力。

从体育教学组织与管理过程方面,也能够看到直观性的特点。鉴于教学过程的直观性,教师的行为也应该带有直观性,这对学生的身心也是一种无形的教育。另外,直观性特点使得学生在课堂的表现都是最真实的、最直接的,任何伪装在体育教学活动中都是毫无意义的。因此,学生在教学中表现出来的言行都是他们最为真实的一面,而这就非常有利于体育教师对学生的观察,有利于教师获得正确的教学反馈。

（二）体育知识的传承性

体育是以身体锻炼为主要形式的教育活动。如果从教与学的角度来说，可以将体育知识形容成一种"身体的知识"。这种知识伴随着人类的发展，在不同时期都有它的发展形势，如在原始社会，身体的知识就是人类通过走、跑、跳、投、打等动作捕获猎物或逃避猛兽的追捕等行为。而在现代社会中，体育知识的传承内容变成了某项体育运动或体育技能，如足球、篮球、排球、乒乓球、游泳、田径和武术等专项运动技能。

现代教育越发注重学生的主体性作用和"以人为本"的教育理念。人们对这种理念的追求不仅代表了体育教学的特殊性，还给予了体育教学知识传承的特殊意义。从这个层面来看，这种体育教学所传承下来的体育知识已经超越了简单的模仿行为。这些体育文化才是体育运动、体育教学等获得长久传承的动力和灵魂。

（三）身体活动的常态性

体育教学与其他学科教学最大的不同就在于在体育教学过程中充满了对身体活动的要求。在体育教学中，几乎所有内容都涉及身体活动，或者是为即将到来的身体活动做准备的活动，就是对作为"身体知识"的体育教学最好的诠释。在体育教学过程中，不仅学生要进行具有一定运动负荷的运动外，教师在做示范、做指导和参与到组队教学中也需要付出不少体力。所以体育教学身体活动常态性的特点不只针对学生，它包括所有体育教学的主体。

由此可见，在体育课堂教学过程中，教师与学生的身体操练非常频繁，这种几乎常态化的特点成为体育教学非常显著的特点。与之相比，其他学科的教学必须在教室（实验室、多功能厅）进行，且要保持相对的安静，这样才能激发学生的思维并产生很好的学习效果。而体育教学却与之相反，其教学的地点多为户外或专用运动场馆，而且在大多数时间的运动技术练习环节并不需要刻意保持安静，学生之间、学生与教师之间都可以随时有相关的交流和沟通，如此才更有利于对运动技能的学习。

（四）身体与心理统一性

在许多人的观念中,身体与心理是两种不同的事物,彼此间并没有很多的交集。实则不然,身体健康有助于改善心理健康,而心理健康也可以影响身体健康。另外有一种观点认为开朗的人热爱体育运动,而事实上则是因为人参加了体育运动,才开始变得开朗、阳光。这就是典型的运动改变心理的事例。因此,在体育教学活动中就充满了身体与心理传统的特点,体育教学在于对人身体的改造,与此同时它还强化人的心理与多种适应能力的发展。而在其他学科的教学中便无法达到这样的效果,这主要在于体育教学营造了不同种类的教学情境,这种情境表现出了十足的阳光、生动、积极、外露以及直观的感觉。一系列积极的情境使得参与其中的人在潜移默化中受到感染,为学生的心理与社会适应能力的健康发展提供了良好的环境。

由此可以说,在体育教学中,人的身心发展看似是多元的,但实际上在过程中是一种一元化的锻炼,即达到身体与心理的共同发展,表现出十足的统一性。身体发展是基础,心理发展依赖于身体的发展而存在,心理的发展同时促进身体的发展。具体来看,在体育教学中人的身体与心理的统一性主要体现在以下两个方面。

1.体育教学的教材内容选择要注重身体与心理统一

体育教学内容是体育教学活动的依据。教学内容的好坏直接影响教学效果。因此,为了体现出体育教学身心统一的特点,首先就要从教材选择环节开始,也就是说,选择的教学内容要对学生身体各部位、各种运动能力和各种身体素质有积极影响,而且要注重教材对学生心理及其社会适应力的影响,所选教材的编排要符合该年龄段学生的心理特点,除此之外,还要满足其美学、社会学等其他方面的要求。

2.体育教师选择的教学方法要注重身体与心理统一

由于与其他学科教学相比增加了更多的内容,因此,体育教学的方法也就更加丰富。选择体育教学方法主要是由体育教师决定的,为了使体育教学保有身心统一的特点,体育教学方法的选择就要关注到这方面的内容。通常为了体现这一特点,体育教师选择的教学方法都要遵循与学生年龄段相适应的身心发展规律,使学生在经常进行的体育教学活动中学习到正确的体育技能,学生掌握这些技能的成长曲线并不是一路上涨的,而是有忽高忽低、忽快忽慢的过程起伏。另外,体育教学方法的选择还应符合学生的心理特点和年龄特点。与对体育技能学习的规律相似的是,学生在接受教学的同时其心理活动也呈现出波浪式的曲线现象。这种生理、心理负荷波浪式的曲线变化规律,体现了体育教学鲜明的节奏性和身心的和谐、统一性。因此,要想选择正确的,适合学生身心发展的体育教学方法,体育教师就必须根据学生的诸多身心特点进行安排,如此才能在促进学生身体发展的同时,有效激发学生的积极性,更有效地发挥体育教学的功能。而根据学生不同阶段的身心特点选择恰当的教学方法也是评判一位体育教师综合水平的重要依据之一。

(五)教学内涵的优美性

体育教学内容是非常丰富的,它涉及多种与体育相关的内容,不仅仅是球类运动、游泳、田径,还包括体育舞蹈、瑜伽等内容。通过对这些内容的学习,学生可以普遍从中体会到源自体育的丰富情感,这种情感几乎都从"美"中而来。

体育教学内容丰富的情感性首先体现在体育教学过程中,师生可以体会到只有体育才能赋予人的人体美和运动美。学生通过接受体育教学,掌握体育健身的方法和技能,以此达到运动塑身的效果,使身体外在形态保持优美的线条和良好的身材比例。同时,在运动中,可以看到人体不同的动作展现出的动作美和肌肉美,这种美只有在运动中才能看到,是极为外显的美。在内在精神方面,体育教学也蕴含着"美"的元素,如学生为了争取比赛的胜利而表现出的不畏强敌、奋勇争先的精神,在关键时刻始终保持冷静的心态,或是在运动过程中表现出谦虚、文明和有道德的风度等。

既然有美的存在,那么就要有欣赏美的人和能够欣赏美,懂得如何欣赏美的能力。每一项运动都向人们表现出了不同的美的特点和审美特征,如球类运动可以表现个人对球类技术的掌握能力,集体球类项目中除了个人能力外,还包含了与队友之间的协作和互助精神。这些内容都是人类积累下来的体育知识与技能,体育教师通过科学的概括和提炼,将其精髓传授给学生,意在使学生也能感受到体育中蕴含的美,并学着去享受它、感悟它。体育之美首先给人最大的作用就是陶冶情操,平衡人们的心理状态。其次,体育教学是一种创造性的社会活动,其创造的成果就是让学生获得内在的顿悟和精神上的启迪。同时,体育教学中教师和学生之间有一条无形的通道构成了教与学的系统。教师在传授知识的过程中,伴随着师生间丰富而真诚的情感交流。

（六）客观条件的制约性

正是因为体育教学涉及的内容较多,再加上与之相关的构成要素也较多的缘故,也就使得体育教学会受到更多客观条件的制约,而这也是体育教学不同于其他学科教学的一大特点。具体来说,体育教学活动受到的制约主要如体育教学场地条件、器材、气候、学生运动基础、学生其他基本情况（年龄、性别、生理和心理特点）等。这些因素都会影响体育教学质量的高低。

学生是体育教学的主体之一,是体育知识与技能传授的受众。从这个角度来看,学生的诸多情况会对教学本身造成一些影响,因此体育教学要想顺利地进行,获得良好的教学,就要注重在学生的运动基础方面以及体质强弱等实际情况的区别对待。这些差异具体如男生与女生不同的身体形态、机能水平、运动能力等,根据这些差异,学校体育教育部门和体育教师在进行教学设计、教材选择和教学组织等方面的制定时就要充分考虑,否则不仅不能达到预期的教学效果,还可能会增加体育教学的风险。

体育教学环境是体育教学的场所。作为体育教学重要的教学载体,教学环境质量的高低对体育教学会产生较大影响。通过几个事例就可以很好地说明这个问题,如经常在室外开展的体育教学,如果面临的是严重的空气污染,或邻近马路带来的噪声污染则势必会影响体育教学主体在教学活动中的状态与情绪；天气对于室外体育教学的影响也是不能忽视的，如遇到雨、雪、大风等恶劣天气时，体育教学被迫停止，转而来到室内进行一些体育理论课的教学，如此势必影响体育实践课的教学计划顺利展开。

综上所述，在诸多客观条件的制约下，为摆脱不利条件的影响，体育教师就要从学年的体育教学计划到具体课时计划，从教材内容选择到教学组织方法实施都必须考虑到这些客观实际与影响因素，尽量将制约因素的影响程度降至最低，提高体育教学的质量与效果。

二、体育教学的功能

（一）促进身体发展的功能

学生参与体育运动实践在体育教学活动中是必不可少的。而既然参与运动实践，就必然会使身体承受一定量的运动负荷。为保证学生身体的健康，运动负荷强度需要由体育教师酌情掌控。

合理的运动负荷对发展学生身体素质有极大的帮助，它对学生的机体或多或少会产生一定的刺激与影响，其影响的程度要视运动项目的内容、学生身体素质、持续运动的时间、运动间隙时间、营养补充等状态而定。而不同运动项目对身体的锻炼重点也有很多区别，如足球运动对人体的耐力、爆发力、速度和灵敏度有着较高要求；游泳对人体心肺功能和协调能力有较高要求；等等。由此认定体育教学具有促进身体素质发展的功能是毋庸置疑的，但同时也要注意的是，如果运动负荷过大，那么体育运动不仅对身体健康没有好处，反而会伤害学生的机体。为了把握合理的运动负荷，就需要体育教师在制订教学计划前就要对学生的体质与运动基础有一个基本清晰的认识。因此，从体育教学影响身体功能的角度而言，要有效发挥体育教学健身功效，必须遵循体育教学的规律，运用科学的教法与组织形式，才能达到预期的效果。

（二）促进心理健康的功能

世界卫生组织确定的现代健康新标准中明确认定了心理健康也是评

定人体健康的指标之一,自古我国也有"身心合一"的理论。经过长期的实践发现,体育教学在对学生身体产生积极影响的同时也会对学生的心理与思想产生影响,这方面的影响与其他学科既有共同性,也有差异性。体育教学促进心理健康的功能主要是通过教师传授来实现的,因为教师的一言一行无时无刻不影响着学生的思想,因此,教师必须身体力行,为学生做出表率。这些行为都是在潜移默化中进行的,而不是安排几堂心理辅导课。教学更重要的作用是传授各种人类社会的道德、规范与理念,这是学生走向社会之前的必学内容。

具体来说,体育教学对学生心理的影响主要包括个人心理与团体心理两个方面。

从个人心理方面看,体育活动一方面可以缓解学生的学习压力;另一方面,参与体育运动就要频繁地面对成功与失败,其中失败的次数远远多于成功。由此可以培养学生在逆境中正确处理心态的能力,作为胜利者也要做到戒骄戒躁,只有具备这样的素质,才能再接再厉,取得成功。

从团体心理方面看,学生作为体育运动团队中的一员,需要处理好个人利益与集体利益之间的关系,应抱有克服一己私欲,顾全大局的思维行事。

（三）提升社会适应的功能

现代社会的发展非常迅速,这使得人们稍有停留便会被潮流所抛弃。对于青年来说,紧跟社会潮流,并且在跨入社会后能够与之较好地融合、适应是非常关键的。这是体现人的软实力的标准之一。在体育教学中,学生之间的交往具有特殊性、外显性与频繁性,学生在多样的体育活动中会产生多种身体之间的交流,交流的同时也传播着各种体育竞赛的规则,竞赛规则就好似社会规则,需要人人自觉遵守。由此可以说,体育教学环境就像是一个微缩化的社会,这个社会赋予了学生之间需要遵循的各种规则。若不遵循,必然受到惩罚;若表现突出,则得到表扬称赞。执行这个法则的人就是教师。因此,教师必须公正,才能对学生产生良好的影响,培养学生良好的体育道德规范,进而培养学生适应未来社会的各种道德规范与做人理念。

（四）传授运动技术的功能

在远古时期，运动技能就等同于生存技能。那时的人类通过走、跑、跳、投、打等行为捕猎和采摘，已获得生存的技能。而现代社会早已物质丰盛，对于人体的要求就不再像过去那样严格。现代运动技术也演变为了丰富的体育运动技术，如球类、武术、田径和游泳等。适当参加体育运动对人的身心素质提升具有较大帮助。最终，体育教学就成为传授这些运动技术的最好方式。

从具体的实践角度来分析，学生每周都要参加的体育课堂就是体育教学的最小单位，体育课堂的基本活动过程就是体育教师以体育教学内容为依据对学生传授体育知识与相关技能的双向信息传递活动。因此，运动技术就成为体育教学的主要内容也是重要内容。运动技术不同于其他学科的学习，它不仅需要学生对运动理论有深刻的了解，还要身体力行地参与技术练习，在无数次的重复训练中逐渐在脑中和身体上建立起对技术的表象反应，最终达到熟悉动作以及可以在下意识的情况下做出正确的动作。因此，对于运动技能的训练，没有实践就无法学会。

对于运动技术的传授，体育教师是关键。作为运动技术的掌握者和传播者，教师在体育课中传授的是各项具体运动技术，如足球运动中的传球技术，甚至可以细分到内脚背传球技术。其他运动项目的技术传授也可以依此类推。体育教师对运动技术的传授通常都会从简单的、入门的、基础的入手，在此之后逐渐积累，循序渐进。只有从小的运动技术学起，才能积少成多，掌握整个运动项目的技术。

（五）传承体育文化的功能

体育教学不仅是简单地对于体育运动技能和相关知识的传授活动。这些只是表面上的行为，而体育教学真正的目的在于教会学生正确的体育运动方法，使学生能在未来的生活中对身心产生持续的良好的影响，更在于一种体育文化的传承。

从体育教学的系统结构视角出发，体育教学是由每周2～3次的体育课组合而生的一种贯穿全年的教学计划。其中根据教学周期的不同可以分为课程教学、周教学、学期教学和学年教学。

从单一一堂体育教学课的视角出发，可以把体育课中传授的各种小的运动技术累加起来，就是学生学到的某个运动项目的完整技术，继续累加，就学到了各种运动技能。

综合两种视角，使得学生通过不同阶段的体育教学，学习到较为完整的运动知识、运动文化，掌握各种运动技能，从而实现体育教学传承体育文化的功能。

第三节　体育教学的原则和规律

一、体育教学的原则

原则，即人们说话办事依据的准则和标准。教学原则，则是根据各种不同的教学因素，把同类性质的因素加以科学的抽象和概括而形成原则（直观性原则、自觉性原则和教育性原则等）。体育教学原则，是体育教学过程客观规律的反映，是在长期的体育教学实践中积累起来的，具有普遍意义的经验的总结和概括，是体育教师进行教学工作必须遵循的准则。[1]体育教学原则与其他的原则不同。同样，体育教学与其他教学也不等同。二者最根本的不同在于体育教学突出认识和实践。从而得出，认识和实践的有机统一是体育教学区别于其他教学过程的根本特征。然而体育教学最终的目的是，希望教师合理的运用体育教学原则，从而促进学生的身心健康全面发展。

（一）中国的体育教学原则

体育教学原则在不同时期均有不同的发展，不同的国家，体育教学原则略有不同，然而，大体上又一致认同。中国的体育教学原则一般有：自

---

① 　王德炜. 大学体育理论与技术［M］. 西安：陕西科学技术出版社，2005：11.

觉积极性原则、直观性原则、从实际出发原则、循序渐进原则、全体全面发展原则、合理的运动负荷原则、巩固提高原则。但是,随着社会的不断发展,教育学、心理学、社会学、教学论、方法论及体育科学的发展,人们对体育教学原则的认识不断加深,体育教学原则体系的研究形成多种不同的思想观念。体育教学原则不仅仅局限在以上原则上,但是也并不是不赞同中国的体育教学原则。我国在体育教学原则体系的基础上逐步完善,对教学实践过程的指导也越来越科学。体育教学原则不再是仅重视体育教学的学科性、健身性和思想性,而是开始关心学生身心健康的全面发展和人文精神的培养。然而,这也是受当时学校体育指导思想和对体育教学规律认识影响的必然结果。

(二)体育教学原则的运用

体育教学原则保证体育教学的顺利进行,所有的教学原则相辅相成。

1.直观性原则

对于直观性教学,要求教师给予学生一个正确的直观概念。教师应抓住重点,生动形象、简短明了地进行讲解,可以让学生反复地进行一个动作的练习,使学生的感觉器官建立暂时的神经联系,形成正确的动作定型。比如在练习太极的过程中,太极"抱球"的手势,将这一动作传授给学生,使手掌的五指分开,假设双手之间抱着一个球,我们可以运用到这一原则。

2.巩固性教学原则

这一原则,有助于学生动作的熟练和形成更加标准的动作。目的就是多加练习,形成一种肌肉记忆一样,再到熟能生巧。比方,在篮球运动项目中,学习篮球运球、急停、转身、传接球时,为了巩固转身这个动作,可以把急停、转身、传球贯穿进去。三天不练手生,如在网球教学中,长时间不练网球发球,随之抛球的稳定性、发球的成功率均会下降,此时就需要多加练习进行巩固,这一原则尤其是对刚接触项目的学生而言,巩固练习,形成正确的技术动作。

3.合理的运动负荷原则

这一原则要求教师在上课期间根据教材的特点、教学条件、考虑学生的实际情况、合理的安排教学内容。使学生不仅能更好地掌握技能还能促进其身体的健康发展。教师合理的安排运动量和运动强度。通俗来讲,这里的运动量与运动强度并不是同一概念,运动量指的是次数、组数、重量时间等,而运动强度指的是完成练习所用的力量的大小,比如负重的重量、跳的高度、跑的距离等,合理的安排运动量与运动强度,运动量大则运动强度小,运动强度大,则相应减少运动量。保证在学生承受最大疲劳限度的情况下根据实际情况来合理安排。

4.循序渐进原则

循序渐进原则,从字面就表现出由简到难、由一般到复杂的过程。逐步进行,不断提高。比方网球的正手击球,首先要从握拍开始,到准备姿势,到引拍上步,再到挥拍,再到准备姿势这样一个完整的过程,练习者开始时可以做无球的动作练习,再做有球的原地击球动作练习,最后再做有球移动的动作练习,这样逐一练习,逐步进步。

5.启发式教学原则

采用启发式教学可提高学生学习的积极性,调动学生的积极思维,加深学生理解和认识、牢记动作、少出现反复。启发学生主动去思考去领悟。比方在排球发球的教学中,通过生活当中甩鞭子的一个动作,启发学生做发球动作时一次用力地发力顺序,或将其用于标枪等投掷项目当中,使学生能够举一反三,培养学生自学的能力。运用启发性原则,开发学生智能,调动了学生学习的积极性,科学地进行训练,取得事半功倍的效果。

此外,教学原则还有因材施教原则、超负荷原则、恢复原则等,无论哪一种体育教学原则,目的都是从学生的根本利益出发,提高学生的身体素质,促进学生的健康发展。

体育教学原则体系将随着社会的不断发展,教育学、心理学等相关学科的发展也随之不断发展。我们应取其精华,去其糟粕,把体育教学原则通俗地贯穿到教学中去,使学生更容易接受、理解,达到自觉练习的目的,开发学生智能,提高学生的体能素质,促进学生身心健康全面发展。

二、体育教学的规律

体育教学规律可分为一般教学规律和特殊教学规律。一般教学规律包括教和学相互依存、辩证统一的规律,认识事物的规律,在教学过程中教育、教养、发展任务相统一的规律;特殊教学规律包括体育教学过程的特殊规律,人体生理机能活动能力变化的规律,人体机能适应性规律,青少年身心发展的规律,动作技能形成的规律。综上所述体育教学规律划分为一般教学规律与特殊教学规律。笔者认为,体育教学首先应该是教学,应符合一般教学规律,这是大家的共识,所以此处重点讨论体育教学的特殊规律,研究其是否符合体育教学的性质和特点。

(一)"人体机能适应性"规律

"人体机能适应性"是体育教学规律之一,主要内容为:当人体开始运动,身体承受运动负荷,体内异化作用加强,体内能量储备逐渐下降,这一期间称为"工作阶段",经过间歇和调整,可以使体内的能量储备逐渐恢复并接近或达到运动前的水平,这是"相对恢复阶段"再经过合理的休息和能量的补偿,机体恢复功能可以超过原来的水平,称为"超量恢复阶段"。不过在实践中发现,此规律虽对体育训练具有很强的指导作用,但对体育教学的影响却相对较小。针对这一现象,学者们对"人体机能适应性"教学规律进行了深入研究。"人体机能适应性"规律是现代运动生理学对于人体运动过程中有机体能量储备等发生一系列变化的一种规律性总结,对于运动训练实践具有重要的指导意义。

"人体机能适应性"规律主要是运动训练过程中总结出来的规律,必须符合三个必要条件。第一,运动必须达到足够的强度与运动量,足以使人体产生比较强烈的刺激与能量的消耗。第二,各个运动训练课之间的运动强度、运动量间歇时间安排要科学,使运动对人体的刺激有一个比较好的衔接,使人体有充足的时间消除疲劳。第三,必须对运动员有一个定量的检测,用以说明各个训练课次的情况。

但是在体育教学过程中,这些条件是很难达到的。第一,缺乏检测学生的各种仪器与设备,因此要测试学生的各种生理、心理变化的指标基本是不可能的。第二,每节体育课的运动负荷、间歇时间安排不可能像运动训练那样达到科学化。第三,体育教学的运动负荷安排一般达不到极限,因为体育教学是以锻炼身体、发展身心健康为目的。第四,在课的安排方面,一般每周有 2~3 节体育课,课的安排是间断的,不像运动训练有周密的训练计划。第五,在教学内容方面课的内容是多样的,既有三大球,又有田径、体操、校本课程内容等,而运动训练则是专项化的训练。基于以上分析,笔者认为在体育教学过程中不可能达到运动训练中的"超量恢复"。

综上所述,体育教学中"人体机能适应性"规律的确存在,但需要细化为几个基本的规律。一是体育教学中学生人体生理机能活动变化规律,这个规律为制定体育课的目标、各阶段的任务提供依据。二是体育教学与学生身体发展非线性关系的规律,这是由体育教学的实践特点所决定的。三是体育教学内容对不同学生具有不同的身体刺激规律。具体阐述如下:

1. 体育教学中学生人体生理机能活动变化规律

人的机体进行身体练习时,其机能状况的特点是:开始练习时人体克服生理机能的惰性,体内各器官系统的机能从相对较低的水平逐渐上升(上升阶段),以后在一段时间内,机能活动的能力稳定在较高的波浪式变化不大的范围(稳定阶段)人体产生疲劳后机体机能活动能力下降(下降阶段),随后恢复到安静时的机能状态(恢复阶段)。人体的机能活动能力是从上升阶段到稳定阶段,再到恢复阶段的。只有单节体育课才符合人体生理机能活动能力变化规律,因此,体育教学中应根据学生人体生理机能活动变化规律,合理安排教学内容、教法、负荷等。

2.体育教学与学生身体发展非线性关系的规律

学生的身体发展本身有一定的规律,这是由学生的先天遗传因素所致,因此,学生即使不参加体育活动,生长发育也在进行之中,运动只是影响学生身体发展的一个外界因素,掌握得好,会促进学生身体的发展,掌握得不好,则会损害学生的身体。运动对学生的身体会产生一定的影响,这是个不争的事实,但是,从结果来看,这个影响到底是运动造成的还是学生本身的生长发育所形成的,是无法测量的。因此,可以认为运动过程中给予学生的负荷与学生身体的变化不是相对应的关系,即非线性关系,而只有指向性关系。即给予学生适宜的运动负荷,对学生的身体发展会有一定的促进作用,但具体的数量则还不明确。

3.体育教学内容对不同学生具有不同的身体刺激规律

教学内容与运动负荷有内在的本质联系。所谓运动负荷(又称生理负荷),是指人做练习时所承受的生理负荷。运动负荷包括运动量和运动强度两个方面。在教学过程中只有保持适宜的运动负荷,才能收到较好的教学效果。不同的教学内容对运动负荷有直接的影响,如某次教学内容是太极,那么学生的心率是达不到每分钟 180 次的。教学内容与运动负荷是直接相关的,教学内容与运动负荷的相关性规律是体育教学所特有的规律。在体育教学过程中,运动负荷较大的教学内容有跑、跳、攀登等,而走、爬、投掷等的运动负荷则相对较小。所以,在体育教学过程中应高度重视教学内容与运动负荷的相关性,在教学内容的安排上,可以交替安排运动负荷大和运动负荷小的练习。通常把正常学生取得最佳健身效果的心率区间确定为每分钟 120~140 次,而一节课上,可将此心率保持的时间控制在 10 分钟以上,并以中等强度和中等量结合的运动负荷为主,兼顾学生的课后恢复。因此,应根据不同教学内容的特点科学地安排教学内容,以更好地促进学生身体的发展。

(二)运动技能形成规律

运动技术教学是体育教学的本质之一,它不同于一般的知识教学,必须实施有效的实践与操作。运动技术教学也不同于一般的操作技能,体育教学直指"身体运动",因此,我们必须了解运动技能形成的规律。关于运动技能形成规律各类教材中涉及较多,其观点也基本趋于一致,因此,本书主要以陈述前人观点为主。

1. 粗略学习运动技术阶段

从生理学角度来看,此阶段由于新的运动技术所引起的内外刺激对学生身体来说都是新异刺激,并通过各种感受器(特别是本体感受器)传到大脑,引起大脑皮层有关中枢神经细胞的强烈兴奋,但因大脑皮层内抑制过程尚未建立起来,但是,大脑皮层的兴奋与抑制过程都依照大脑皮层本身的运动规律趋于扩散,使条件反射暂时联系很不稳定,出现了泛化现象。具体表现为动作僵硬,动作不协调、不准确,多余动作、错误动作很多,动作时机掌握不准确,节奏紊乱。从心理学角度而言,此阶段学生的视觉起到了主导作用,学生主要通过观察教师、优秀学生、教学媒体的各种运动技术演示,在头脑中建立比较正确的运动表象,但由于学生在初学时缺乏感性的认识与直接的经验,因此,虽然注意力高度集中,但情绪紧张,心理能量消耗大,在大脑中建立的运动表象或隐或显,直接表现为动作吃力、不协调。

2. 掌握分解动作、改进与提高完整运动技术阶段

从生理学角度来看,随着学生学习的深入,学生大脑皮层运动区的兴奋与抑制过程在时空上的分化开始发展,大脑皮层运动中枢的兴奋和抑制过程逐渐集中,由于抑制过程加强,特别是分化抑制得到发展,由泛化进入分化。第一、第二信号系统的相互作用开始得到加强,具体表现为逐渐学会各个分解动作,多余动作开始减少,动作的时机与节奏开始符合要求等。从心理学角度来看,学生的注意力的分配能力开始增强,感知觉开始分化,视觉、听觉、动觉开始同时发挥作用。但此时条件反射还很不稳定,易受新异或强烈刺激干扰,精神依然较为紧张,注意力范围还很小,动作较为忙乱,连贯动作不协调、呆板,出现的错误动作很多等。因此,这一

阶段的教学任务是在粗略学习运动技术的基础上,进一步消除紧张情绪,熟练各个分解动作,并加深理解各个动作结构的内在联系,在掌握各个分解动作的同时,建立完整动作的概念与连接。根据这一阶段的特点和任务,教师应运用多种教法,增加重复练习的次数与时间,在不割裂完整动作的基础上,比较各个分解动作,帮助学生纠正各种错误动作,领会技术动作的关键,根据完整动作的要求,有节奏地进行各个分解动作的组合练习,从分解动作过渡到完整动作。

3. 掌握完整运动技能阶段

从生理学角度来看,通过完整运动技术的反复练习,运动技能逐渐形成,运动动力定型趋向巩固,大脑皮层运动区内兴奋与抑制过程不论在空间和时间上都更加集中,有时可以在脱离意识控制下完成动作,在不利环境与条件下,运动形式不会遭到破坏,植物性神经功能与躯体性神经功能开始协调配合。从心理学角度来看,学生的精神紧张不断降低注意力范围不断扩大,语言的作用开始加强。具体表现为:完整动作完成情况较好,动作协调、省力,基本没有错误动作,动作的相互矛盾与干扰逐渐减少,完整动作比较连贯,节奏性较好。

这一过程运动动力定型虽已基本巩固,但仍然要经常加以练习,否则动力定型还会消退。对于复杂、难度大的运动技术,如果缺乏经常的练习,不仅其运动技能难以进一步巩固,而且很容易消退。因此,此阶段的任务是要求学生在各种条件、环境下经常练习,关注运动技术的各个细节,加深动作技术的理论和原理的理解与消化,并配合运动实践,从而促进完整运动技能达到自动化程度。

此阶段对于学生的体育教学具有特殊的意义与作用。体育教学毕竟不像运动员的运动训练,运动员具有很好的身体素质与充足的运动时间,而学生的身体素质较差,运动时间也相对较少,因此,需要结合学生的年龄特征,对于较难的、较复杂的运动技术要进行分解教学。当然,教师在分解动作时不能破坏其运动技术的完整性,在分期完成分解动作之后,要注意各个分解动作的连接练习、部分完整练习。只有这样,才能从分解过渡到完整,为熟练掌握完整动作打下坚实的基础。

4.运动技能自动化阶段

从生理学角度来看,随着运动技能的巩固与发展,学生掌握的运动技能开始出现自动化现象。所谓自动化,就是指在练习某套动作时可以在脱离意识的情况下自动完成。所谓下意识或无意识完成动作不是真正意义上的没有意识地去完成动作,只是指在大脑皮层兴奋性很低的情况下可以完成一些活动或动作。例如,在骑车过程中人完全不需要意识控制,如车把的稳定、重心的移动、踏车的动作等,都能下意识地加以调整,注意力可以转移到观看周围的情况。从心理学角度来看,这一阶段精神紧张完全消除,注意力范围扩大到最大程度,运动感觉对动作的控制调节占据主导地位等。具体表现为能高度准确、熟练和省力地完成动作,动作娴熟、准确、漂亮、省力,并能体现运动技能的个性化特征。继续发展,可以表现为运动技巧和运动能力,并能随机应变地、灵活自如地运用。但是运动技能的自动化是在下意识情况下完成的,一时的动作误差往往不易被察觉,如果重复多次而被巩固下来,也会使已形成的动作技能变质。因此,这一阶段的教学任务主要是巩固发展已形成的动力定型,使学生熟练、省力、轻快地完成动作,并能在各种变化的条件下自如地运用。根据这一阶段的特点和任务,教师应继续要求学生进行强化练习,并注意运动技术的细节问题,使学生参与各种条件、环境下的练习,特别是运动比赛,不断地巩固已形成的动力定型。

动作技能形成的四个阶段是有机联系的。由于学生的学习基础、学习条件、教学的组织和教法水平以及其他有关条件不同,四个阶段的具体特点和所需的时间也有所不同。一般情况下,学生要达到运动技能的熟练化、自动化程度,其难度非常大,要实现这样的目标,体育教学仅仅是个基础,关键是课外体育和自主锻炼,体育教师的作用仅仅是把握体育课堂教学的时机,传授正确的运动技术,激发学生运动兴趣,正确选择各种教法,纠正学生的错误动作,对学生掌握多种运动技能起到推动作用。

(三)心理活动能力变化规律

体育教学中学生的心理变化情况是非常复杂的,因此,我们需要简化学生体育学习过程中的多种心理学指标。涉及心理学的因素很多,如学生在体育学习中的注意、思维、记忆、情绪、意志、兴趣、爱好、性格、个性特征、世界观等,要考察全部的因素与内容,会变得异常复杂。

1.注意力特征

高校学生具有长时间地保持有意注意的特点,他们已具备了长时间地保持注意的有意义的动机,明显地表现出试图自我认识和自我表现,并能完全自觉地接近这一目标。因此,他们的注意稳定性有了很好的发展,能够在比较复杂的活动中很好地分配自己的注意。所以,在体育课上他们不仅在教师做示范动作时,而且在讲解动作以及讲述理论问题时,都能保持注意。对于高校学生而言,更重要的是提供的教材内容,他们十分注意教材内容的先进性和科学性。

2.思维特征

思维的年龄特征只是针对总的发展过程中那些具有某些共同现象和特性的时期或阶段来说的,通常指的是学生在一定的年龄阶段中所表现出来的一般的、典型的、本质的特征。各个时期的思维特征并不是单独的,而是交叉存在的。在某一阶段之初,可能还保存着大量的前一阶段的年龄特征;在这一阶段之末,也可能产生较多的下一阶段的年龄特征。思维的年龄特征还表现出各阶段、各种心理现象发展的年龄特征。

3.意志特征

高校学生的目的性明确,有自己的主见;果断性处于较高水平,但对局面的正确把握不够;自制能力显著提高,并表现出一定程度的冲动性;坚韧性达到一个新阶段,但易受外界影响的现象依然存在。

4.兴趣特征

兴趣对人的认识和活动具有非常重要的意义。兴趣是在需要的基础上产生的力求认识、探究某种事物的心理倾向,由获得这方面的知识在情绪体验上得到满足而产生。兴趣受到环境的影响,一个温暖、和谐的家庭会使人"以人取向",冷漠家庭中的人会"以事取向"。研究表明,儿童有趋向某种兴趣的遗传倾向性,与父母的兴趣显著相关。在儿童时期,兴趣常成为支配心理活动和行动的主要心理倾向,到了青年时期,理想往往成为支配心理活动与行动的主要倾向。兴趣一般可分为直接兴趣和间接兴趣。直接兴趣是指人对事物或活动本身产生的兴趣,这往往是由于客观事物引人入胜而引起的。例如,有的学生喜欢上体育课只是因为体育教师的示范动作很漂亮。间接兴趣是指人对活动的结果产生的兴趣。例如,有的学生为了学好某个动作要领而聚精会神地听教师讲解时所表现出来的兴趣。在活动中,这两种兴趣相辅相成,随着年龄的增长、身体的发育、素质的发展与运动能力的提高而不断发生变化。

第二章 高校体育教学的体系

第一节 高校体育教学的内容

一、高校体育教学内容的概述

(一)高校体育教学内容的概念

高校体育教学内容是依据当前国家总的教育方针和社会对高校体育教学的需求选择出来的。根据对学生身体条件和学校教学条件的深入分析和研究,在高校体育教学环境下传授给学生的一种体育锻炼活动。[①]

(二)高校体育教学内容与其他学科教学内容的区别

由于高校体育教学具有实践性和复杂性的特点,决定了高校体育教学内容与其他教学内容之间有着非常大的区别。因为在高校体育教学过程中,对实践性要求较为严格,因此掌握高校体育教学内容与其他教学内容的区别,有助于高校体育教学研究者更好地掌握和理解高校体育教学的内容。关于高校体育教学内容和其他教学内容之间的区别主要表现在以下几点。

1.选择的依据

高校体育教学内容是根据高校体育教学的目标进行选择的,是根据学生在成长过程中的发展需要以及高校体育教学过程中必备的教学条件最终整理而成的,并且根据社会需求的发展而不断变化。

---

① 张萍. 现代高校体育教学与运动训练研究[M]. 哈尔滨:哈尔滨出版社,2023:23.

2.实践性较强

高校体育教学内容主要是以教学对象的大肌肉群的运动而进行的教学内容,其具有很强的实践性,主要包括身体的锻炼、运动型教学的比赛、运动技能的获取等,需要身体内的肌肉群不断地运动而产生的。

3.依靠体育运动传授

我们在课堂上所进行的诸如语文、数学、英语等学科的知识的传授可以在教室内完成,并且学生也可以通过对书本的反复研读,最终获得一定的知识和技能。但是对于高校体育教学而言,其所有运动技能的传授,都必须是在室外体育教学活动中才能完成的。

(三)高校体育教学内容与体育运动内容的区别

众所周知,高校体育教学内容是保证高校体育教学正常进行的有力保障,但是其与体育运动内容之间却也有着非常细微的差别。作为一名体育教育者或是研究者,清楚地掌握二者之间的差别,有助于不断深入地了解高校体育教学内容。经过深入的分析和研究,对高校体育教学内容和体育运动内容二者之间的区别主要为以下两个方面。

1.二者服务的目的不同

高校体育教学的内容是以教育为主要目的,是为了促进学生身心健康的发展,其内容偏理论性,对教学活动具有指导意义。体育运动内容是以娱乐和竞技为主要目的,其较偏重教学内容的娱乐性和竞技性,对教学活动而言具有很强的实践性。

2.内容的改造要求不同

随着时代的不断进步,高校体育教学的内容需要根据时代的变化和社会的需求不断改变,以保证高校体育教学的内容能够满足为社会培养人才的需要。因此,高校体育教学内容需要进行必要的改造、组织和加工。而体育运动内容,其主要的目的就是娱乐和竞技,因此不必进行这种改造。

(四)高校体育教学内容的发展

高校体育教学内容和其他学科科学的内容一样,是随着社会和教育事业的不断发展而发展的。但是,由于体育教育内容兴起的时间较晚,因此与其他学科教学内容相比,高校体育教学内容的形成和完善还处于发展阶段。高校体育教学内容的发展主要来源于以下几个方面。

1.兵式体操

早在古代时期,我国就出现了体育教学,但是由于古代的人们受科举制度的影响,并未将体育作为一门学科进行培养。古代体育的主要形式是兵式体操,由国家专门机构指导参加训练的士兵进行列队、射击、剑术等战术问题的操练。后来,兵式体操训练不断改进,制度不断优化,最终成为今天高校体育教学的内容之一。

2.游戏和竞技性体育运动

我国早在学校出现的时候,就有了游戏的内容,如我国早期的骑射比赛、蹴鞠等。后来,随着人们对这类竞技运动游戏的兴趣不断激增,这种体育项目的发展日趋完善,最终成为一种正规的体育运动。随着人们生活水平的不断提高,英美的体育游戏迅速发展成为一种近代的体育项目,如足球、篮球、棒球等运动项目。而后传到世界各地,成为一种流行的运动项目,受到很多人的喜爱,并迅速地在各国的学校教育中开展。再加上这种类型的体育竞技活动具有很高的娱乐性,因此深受广大学生的喜爱,最终演变成高校体育教学活动中的重要内容之一。

3.武术和武道

古代的高校体育教学多是以武术教育的形式体现的,高校体育教学的内容也大都是一些具有军事针对性的武术内容,这种运动不仅可以强身健体,而且还能防身。因此这种运动教学迅速地成为当下流行的一种高校体育教学活动,这也构成了体育内容中"武术"和"武道"的基础。再加上这些运动在对人的精神和意志方面的培养有其他所有的理论知识和教育学科所达不到的作用,因此,这种类型的体育活动深受人们的关注和喜爱。鉴于这种原因,由"武术"和"武道"为原型构成的运动项目成为高校体育教学中的一种正式的教学项目,并且受到很多国家的关注。

4.舞蹈与韵律性运动

舞蹈是古代祭祀和各种隆重仪式时举行的一种较为常见的活动,也是从古至今以来人们最喜爱的一种活动。在社会发展的历程中,随处可以见到舞蹈的影子。研究各国文化的发展历史可以发现,舞蹈是世界上很多国家民族文化的重要组成部分,在民族文化的形成、民族间的交流之中占据着举足轻重的地位。除了舞蹈之外,一些具有韵律性的运动,也因为很多体育爱好者追求美感和锻炼效果,逐渐登上体育锻炼的舞台。随着韵律体操不断地创新和发展,又出现了艺术体操、健美操等。舞蹈也在传统舞蹈的基础上得到了改进和提升,形成了多样的民族舞蹈、体育舞蹈等。由于舞蹈和韵律性,体操不仅能够陶冶身心,并且在培养机体的美感和节奏感等方面也具有非常重要的作用。因此,舞蹈和韵律性的运动逐渐成为高校体育教学内容的重要组成部分。

(五)体育教学内容的特点

1.体育教学内容的功能具有多样性

体育教学内容起源不同,又受到所处地域文化形态的影响,这就决定了体育教学内容具有不同的功能,人们对体育教学内容的判断也必然受到其传统起源的影响。在进行体育教学时,要遵循因材施教的原则,这样才能保证体育教学的顺利进行。

2.体育教学内容的更新速度较快

体育教学本身对实践性要求较高,体育教学中所涉及的因素也非常多,因此体育教师在进行体育教学时的工作难度较大。要想与时俱进地开展体育教学,就要根据社会的需求不断地更新教学内容。

3.每一种体育教学内容被赋予的教学任务不同

体育教学内容具有很强的时代性,不同时代的人对于体育教学的要求不同,因此,每一种教学内容所承担的教学目标和任务也就不同。如在体育教学中开展各种体育锻炼是为了提高学生的身体素质,进行比赛是为了培养学生的团队精神、合作意识等综合素质。因此教师在进行体育教学或是选择教学内容时,应该仔细地分析教学目标,以便对教学内容进行梳理和选择。

(六)体育教学内容与教育内容的共性

体育教学内容是教育内容的一个组成部分,它与教育内容具有一些共性。这些共性主要表现在以下三个方面。

1.教育性

体育教学内容是对受教育者进行身体健康教育和心理陶冶教育的参考。当体育教学研究者和教学内容组织者将众多的运动项目选为体育教学内容的时候,他们首先想到的就是这些运动项目本身所具有的教育性。体育教学内容的教育性主要体现在以下三个方面。

(1)有利于学生身心健康

体育教学是通过指导学生身体的运动和一些竞技性的小组活动,以促进学生的身心健康发展而进行的一种教学。体育运动本身就是一种肌肉群的活动,它能够通过身体的锻炼来增强学生的体质;通过各种小组教学活动和竞技类活动的开展来培养学生的综合素质。

(2)对学生成长具有积极的影响

体育教学内容主要是一些具有深刻影响意义的内容,能矫正学生的心态,培养学生坚强的意志,影响学生价值观的形成,对学生的成长具有积极的作用。

(3)内容的设计具有普遍性

体育教学内容面对的是教学活动中的全体学生,因此所选择的教学内容具有普遍性。所谓普遍性就是指教学内容要保证适应大多数人群,这样才能达到教学的统一,有利于教学的顺利开展和进行。

2.科学性

由于体育教学本身就是一种以学校教育为主要形式进行的有计划、有组织、有目的的教育活动,是以教育和培养学生的健康发展为主要目的。因此,体育教学内容也应该与学校教育范畴中的其他教学内容一样,保证其具有很强的科学性。

(1)教学内容符合学生的需求

在对体育教学内容进行筛选的时候,为了保证体育教学内容能够更好地为学生服务,体育教学研究者要对教学内容进行反复的筛选,使其能够符合学生的身体发展需求和社会需求。同时体育教学内容具有很强的指导性,为教学过程提供参考和依据。

(2)遵循体育教学的规律和原则

任何一门学科的教学都要遵循其特定的规律和原则,这是保证教学目标顺利实现的基本条件之一。体育教学牵涉的内容较多且较为复杂,为了保证教学过程能够按照目标的方向进行,在选择教学内容时应该遵循体育教学中特定的规律和原则,保证体育教学的科学性。

3.系统性

体育教学是一门复杂的学科,不仅涉及的内容较为复杂、范围较为宽泛,而且对教学目标的要求也较高。因此,在进行教学内容的梳理时,应该根据知识之间的系统性进行组织和安排。

(1)教学内容本身的系统性

通过以上对体育教学内容的介绍可知,体育教学内容具有很大的复杂性,但是每一个知识内容之间又表现出一定的联系性和逻辑性。

(2)体育教学目标的系统性

在体育教学的过程中,需要根据体育教学的特点、学生的成长特点和教学环境等,深刻地认识体育教学过程和教学内容。必须根据学生的成长过程,系统地、有逻辑地安排各个学校、各个年级的体育教学内容,并处理好它们之间的关系,将体育教学贯穿于教学的始终,这就是体育教学目标的系统性。

二、体育教学内容的目标与要求

(一)传统性体育教学内容的目标和要求

传统性体育教学内容主要是指运用传统的教育方法对学生进行体育运动技能培训的一种形式,是体育教学内容中一直存在的锻炼项目。虽然体育教学内容随着时代的更迭而持续变化,但是传统性体育教学内容因其积极的教育作用仍然在教育界占据着很重要的地位。

1.体育保健

体育保健教学内容的目标:通过体育保健基本知识和原理的传授,首先让学生深刻地认识到体育教学在人的成长过程中的重要作用。学习体育运动对国家、社会的重要作用,从而激发学生对体育运动的使命感,使他们自觉地参加体育运动。除此之外,通过体育保健基本知识和原理的学习,学生能够了解一些体育学习的必要知识,形成对体育教学的正确认识。

体育保健教学内容的要求:体育保健教学内容的编写应该结合当前社会的现状、学生的实际需求等方面进行,并且精选一些对学生的实际生活和成长有较重要影响作用的体育运动项目,保证内容的真实性和目的性。同时在对这类内容进行教学的过程中,要结合实际操作进行演示,有益于学生更快的掌握和接受。

2.田径运动

田径运动是常见的运动项目,主要包括跑步、跳高、跳远、投掷等内容。

田径运动教学内容的目标:通过这项运动,学生能够了解田径运动的一般规律和基本知识,清楚地认识到田径运动对他们成长过程中身体素质培养的重要意义。掌握一些田径运动相关的基本原理和方法,以及一些基本的田径运动技能,通过生活中的不断练习,达到增强学生体质的目的。

田径运动教学内容的要求:在设计田径运动教学内容的时候,不应该单单从竞技类运动的角度分析田径运动的教学内容和作用,而应该从文化、运动特点、技能作用等多方面进行教学内容的设计和组织,这样才能让学生更科学地掌握田径运动的基本知识,并且将获得的田径运动知识和技能正确地应用到健身实践中。由于田径运动会使肌体产生一定的负荷,强度太高会对肌体造成一定的损害,强度太低又达不到运动的效果,所以在教学过程中,应该根据学生的身体特点灵活地进行教学。

3. 体操运动

体操运动是体育教学中的重要组成部分,由于其对人体的平衡和形体的训练有着非常积极的作用,体操这一运动颇受广大学生的喜爱。

体操运动教学内容的目标:第一,在教师的指导下,让学生充分地了解体操运动文化,了解体操运动对人体健康的作用;第二,让学生掌握一些基本的体操运动技能和方法,使学生能够在日常生活中使用体操来锻炼身体;第三,让学生能够安全地从事体操运动,并且掌握一些体操比赛的基本常识和技巧。

体操运动教学内容的要求:体操不仅能锻炼人体的平衡性、协调性和灵活性,而且能对学生进行心理方面的积极引导和教育。因此,要从竞技、心理和生理等多视角来对体操运动教学内容进行分析。在教学内容的编排上,要保证一定的层次性,不能总是停留在低水平的层次上。在教学过程中,要根据学生的身体特点开展合理的训练,如有些平衡能力较差的学生,应该对其进行更多有关平衡能力的训练,做到因材施教,这样才能保证教学质量的提高。

4. 球类运动

球类运动是一种常见运动,其主要包括足球、篮球、乒乓球等运动。由于球类运动是一项充满活力和竞技趣味的运动,因此很受当今学生的喜爱。

球类运动教学内容的目标:第一,让学生充分地了解球类运动的基本概念和球类运动中的一些比赛规则;第二,使学生能够掌握一些球类运动的技能和技巧,以及参加球类运动比赛的基本技能和常识性知识。

球类运动教学内容的要求:球类运动虽然是一项群众性的运动,但其技巧和方法较为复杂。因此在筛选教学内容的时候不能只对球类的单个技能进行教学,而忽视其与比赛之间的联系,否则就会失去球类运动的基本特性,同时还要注意教学内容选择的顺序性与实战性之间的联系。在教学过程中,要注重对技能的训练和对学生团队合作精神的培养。

5.民族传统体育

民族传统体育反映了一个民族发展的历史,代表着这个民族的精神和文化。通过对民族传统体育的了解和研究,将其教学内容的目标确定有:第一,借助这些民族传统体育的讲授,让学生对民族文化有更深的了解;第二,使学生学到一些民族传统体育的技能,既可以防身,又可以继承和弘扬民族文化,如中国武术。

民族传统体育教学内容的要求:在编排内容时,不仅要结合学生的特点及生活方式,而且要强调内容的文化性和实用性,特别是对民族传统体育文化背景和意义的介绍和揣摩。在教学过程中,要注意对学生兴趣的培养。

(二)新兴体育教学内容的目标和要求

随着社会的不断发展,人们生活水平日益提升,科技不断进步,促进了各国政治、经济、文化的迅速发展。在这种社会背景下,新的体育运动项目也逐渐兴起。研究新兴的体育教学内容有助于优化体育教学的结构。通过对体育教学内容的不断研究和分析,将新兴体育教学内容总结如下:

1.乡土体育

近年来,随着教育改革的不断深入,创新教育内容不断地对课程资源进行开发引起了广大体育教学研究者的重视,一些具有积极锻炼意义,散发着浓烈的乡土气息的运动项目重新登上体育教育的舞台。这类乡土体育运动的教学目标是:让学生对民间体育和民俗风情有更深的了解;使学生掌握一些具有地区特色的民俗体育知识和技能;促进当地传统文化的继承和传播。

乡土体育教学内容的要求：由于这类体育项目来自民间，具有民俗文化的传播作用，因此，要注重其内容的文化性、安全性、锻炼性和规范性。

2.体适能与身体锻炼

随着社会对学生的身心健康全面发展要求的不断提高，一些针对性较强的体育锻炼作为培养学生身体健康的运动被正式带进课堂。这些内容与教师对此运动的实践技能的传授相结合，共同发挥着提高学生的身体素质和运动素质的作用。

体适能与身体锻炼教学内容的目标：体育教师应该通过这一部分教学内容有效地锻炼学生的身体，让学生掌握更多实践锻炼和运动的原则及方法，帮助他们更好地提高运动技能。

体适能与身体锻炼教学内容的要求：由于这是对学生体适能的锻炼，因此要结合学生身体素质的状况，遵循体育锻炼时的基本规律。要注意锻炼的针对性、科学性和时效性，同时注意锻炼内容要符合国家规定的关于学生体质健康的实行标准。

3.新兴体育运动

由于新兴体育运动教学的内容具有时代性，因此，教师在教学时要注意对体育教学目标的掌握。

新兴体育运动教学内容的教育目标：使学生掌握一些比较流行的体育运动文化，提高学生对新兴体育运动教学内容的兴趣，同时提高体育教学在终身教育方面的实用性，从而提高体育教学的质量。

新兴体育运动教学内容的要求：由于是一种新兴的体育教学内容，所以在选用这种教学内容时，首先要保证其符合教学条件的基本要求，其次要注意体育教学内容的文化性、教育性、安全性和实践性，最后要注意对教育内容的筛选，杜绝不利于学生成长的教学内容。

4.巩固和应用类课程的基本教学内容

巩固和应用类课程的基本教学内容是新课标要求下的一种教学内

容,而且是随着活动课程的发展而不断形成的。

教学内容的目标是:通过此类教学内容的学习,巩固学生有关体育教学的基本知识和技能,并能够将其与运动实践相结合,借此提高学生的体育锻炼技能以及在参加体育活动方面的常识和能力。

巩固和应用类课程的基本教学内容的要求:在选用教学内容时,应该注意将其与学科内容和体育教学内容完美地融合,同时注意对内容的延展性和应用性的掌握,注意学生在体育教学活动中创新能力和创新意识的培养,使学生能够进一步拓展学习到的知识和技术。

第二节　高校体育教学的方法

一、高校体育教学方法概述

(一)高校体育教学方法的概念

关于体育教学方法,国内外学者很早就开始研究了。诸多专家和学者对体育教学方法概念的界定有以下共识。

第一,体育教学方法是体育教学系统的重要组成部分。

第二,体育教学方法与体育教学系统其他要素之间具有非常密切的联系。体育教学方法服务于体育教学目标和体育教学任务,能够促进体育教学目标和任务的实现。同时,体育教学方法又受到体育教学内容的制约。

第三,体育教学方法是"教"与"学"的统一,可有效促进师生的双边互动。

第四,体育教学方法受到特定的教学理论的指导。

第五,与其他科目教学方法相比,体育教学方法在注重教学语言要素的同时,更加注重教学动作要素。

综合,一般认为,体育教学方法具体是指为实现体育教学目的而采用的手段、方式、措施和途径等的总和。

(二)体育教学方法的特点

1.实践操作性

与其他学科不同,体育学科的学习更多时候需要学生进行各种各样的身体练习。因此,在体育教学过程中,教师选择教学方法应充分考虑学生的具体身体活动开展的可操作性。同时,教学方法应考虑客观的体育教学条件能否为教学方法的体育教学活动组织提供必要的物质支持。

体育教学方法的实践操作性受到体育身体活动的基本性质影响,同时,也受到学生的体育活动参与形式的影响。教师选择与实施教学方法时,应结合具体教学实际对教学方法进行必要的修正,如果教学方法中的某一个环节和形式安排可能在接下来的教学活动开展中受阻,则教师应该灵活变通。不能让教学方法只停留在理论层面,应落到教学实践中,符合教学实践。

2.多感官参与性

体育活动的开展过程是师生的身体活动参与过程。教师与学生进行各种体育技术动作示范、练习时,都需要充分发挥身体各部分的组织和系统的功能,使整个有机体各个器官、组织、系统都要充分调动起来。例如,教师通过动作示范教授学生某一项具体的体育运动项目的技术动作,学生要利用眼睛去看动作、利用耳朵去听讲解、利用肢体去感受动作。因此,体育学、练的过程,也是学生有机体多感官共同参与的过程。

在体育教学中,为了获得良好的体育教学效果,体育教师在选择和运用教学方法时应注意教学方法是否能充分调动学生多感官的积极性。

体育教学方法对学生多感官的体育调动与参与主要表现如下:

(1)体育运动参与和学习中,需要学生动用思维、感知、记忆和想象,需要学生的眼睛、耳朵、触觉和动觉等,感受器官对运动的方向、用力的大小和动作的幅度等方面进行感知,形成正确的动作定式。

(2)在形成正确的体育动作的基础上,将所接收到的教学信息进行整理、分析,同大脑思维活动,指挥身体的各器官完成相应的动作;通过不断重复技术动作,最终实现动作技术的正确和精细化。

3.动静交替性

体育运动教学与训练应保持动静结合,这主要是受运动者个体运动负荷承受范围的影响,是体育教学的基本规律和特点。

体育教学方法的"动"即指技能学练。体育运动技能的学习与掌握必须通过实实在在的身体练习来进行。体育教学过程中的各种体育教学方法都是为了促进学生更积极地去参与各种身体活动,通过体育活动实践来掌握体育技能。

体育教学方法的"静"即指合理休息。学生的体育学习过程中,学生生理方面和心理方面都要不断受到刺激,并承受一定的负荷,长时间学习会导致大脑疲劳,影响学习效果与质量,这时需要安排学生进行合理休息,包括积极性的休息和静止休息。安排休息时,应注重积极性休息和静止休息的结合。

4.师生互动性

体育教学活动的开展,需要教师和学生共同参与。教学方法的选择不应该只是教师组织活动让学生参与,在体育教学活动中,教师应适时地融入学生的学练、发现、探索活动中,及时给予学生正确的教学指导。教学方法的应用应有助于教师、学生对体育教学活动的积极参与,并促进师生互动。

5.继承发展性

教育工作者继续发展创新,教学方法及其应用也在不断丰富与创新使用,教师和学生的师生关系、课堂体验以及体育教学效果都在不断优化。

二、传统体育教学方法及应用

(一)传统体育教法及应用

1.语言教学法

语言教学法,即教师通过语言表达来阐述体育教学知识、文化、规律、特点、技术构成、教学活动安排与过程实施的方法,学生通过教师的语言来了解教学过程,并参与到学习过程中,掌握必要的教学知识点。

(1)讲解教学法

讲解教学法,即教师通过语言讲解来开展教学。讲解法通常用于体育理论教学。讲解过程中,教师应充分考虑学生的理解能力与认知能力的特点与水平。

讲解法使用要点如下:

①讲解要明确,突出教学内容重点、难点、特点。在体育教学中,教师对于教学内容的讲解必须有明确的目的,不能漫无目的的讲解,这样会使学生抓不住重点,不能理解教师的用意,导致学习效率低下。

②讲解要正确。注重讲解内容(历史文化、动作术语、技能方法等)的准确描述。

③讲解要生动、简明、有重点。讲解应便于学生更好地理解教学内容,如生动形象化的讲解可加深学生的认知,教师应重视对技术动作的形象化描绘,可以适当加入肢体语言帮助学生理解。再如,关于概念、技能难点的讲解应有重点,把握关键技术讲解更便于学生掌握动作要领。

④讲解要通俗易懂、深入浅出。教师要善于运用对比、类比、提问等方式进行启发性教学,这有利于学生积极思考,使学生举一反三、触类旁通,学以致用。

⑤注重教学内容讲解的时机和效果。

⑥重视讲解内容的前后关联性。

(2)口头评价法

口头评价法是体育教学中非常重要的教学方法,可以在课堂上及时、快速给予学生最直接的评价、提醒,也可以在教学结束之后,对学生的课堂表现进行口头点评。

根据评价性质,口头评价如下:

①积极评价——教师对学生的评价是鼓励性的、表扬性的、肯定性的。

②消极评价——教师对学生的评价是负面的,以批评为主,这显然会让学生感觉到不舒服和沮丧。对此教师应掌握必要的语言沟通技巧,注

意措辞,要就事论事,不能过分打击学生,更不能进行语言方面的人身攻击。

(3)口令、指示法

口令、指示法具有简短地高度概括性,在体育过程中,借助简短的字词给予学生提示,如体育实践教学中的动作学练。口令和指示法应用要求如下:

①教师应发音清晰、声音洪亮。

②教师对学生的口令、指示应尽量使用正面引导、积极性的词汇,并注意提示的时机。

③合理把握口令和指示的节奏。

在体育教学实践中,教师采用口令、指示法时,尽量做到语言精练、言简意赅。

2.直观教学法

直观教学法,即利用学生的感官直接冲击来加深学生对体育教学内容的印象,使学生更直观、生动形象、直接地了解教学内容。具体来说,就是通过直观感受刺激学生感官。

(1)动作示范法

在体育教学中,教师通过对教学内容的动作示范,来使学生对所要学习的项目技术动作有一个生动形象的了解,能够熟悉动作结构和要领。

动作示范教学法的运用应注意以下几点。

①明确示范目的。教师在进行动作示范之前,要明确示范的目的是什么,要展示什么。

②示范动作正确、流畅。教师进行教学动作示范,是为了给学生提供必要的技术动作模仿对象,教师的示范动作必须正确,避免错误引导学生。

③示范位置合理。体育教学中,教师的动作示范应使所有学生都能够清楚地观察到示范动作,可多角度示范。

④示范应与讲解结合起来。通过示范、讲解,充分发挥学生的视觉、

听觉、触觉等各种感官的作用,使学生的听觉和视觉器官同时利用起来,以更好地加深学生对正确技术动作方法的理解与掌握。

(2)教具与模型演示

采用图表、照片和模型等直观教具辅助教学,使学生更加易于理解相应的技术结构和动作形象。教具与模型演示教学,应注意以下三点。

①提前准备教具、模型。

②教具、模型全方位展示,如果介绍具体器材的使用方法可以让学生近距离体验。

③注意教具与模型的使用保护。

(3)案例教学法

案例教学法就是在体育教学中举例子,使学生对体育教学内容的理解更加简单、直观、形象。

案例教学法应用要求如下:

①举例恰当,避免无效案例。

②对战术配合和组织案例分析尽可能详细,并注意多角度(如攻、守)分析。

(4)多媒体教学法

多媒体教学法是现代体育教学中被使用较多的方法。与传统的课堂板书教学不同,多媒体教学能令教学内容的展示更加生动形象,而且教师应更加准确地利用多媒体教学技术向学生分析动作的细节,通过动画和视频演示,可以将每一个动作精确到秒。将教学内容制作成电影、幻灯片、录像等,通过重放、慢放、定格等操作方法,使学生更深入、系统地学习知识,掌握技能。

多媒体教学法的使用需要多媒体教学技术支持,也需要教师具备一定的多媒体技术操作能力。

3.完整教学法

完整教学法是体育教学中广泛应用的一种教学方法,该教学方法重在完整地、不间断地演示整个技术动作过程,通常在体育教学实践课中运用。

完整教学法的体育教学应用应注意以下三点。

(1)讲解要领后直接运用。教师通过对体育运动技术动作的分解讲解后,示范整个技术动作,使学生能流畅地模仿完整的技术动作。

(2)强调动作练习重点。体育实践教学中,对于较为复杂的动作,教师应明确讲解,示范重点,使学生正确把握技术动作难点。

(3)降低动作练习难度。降低动作难度以便于学生完整地练习,建立正确动作定型后逐渐增加难度,待学生熟练后再按标准动作进行完整动作学练。

(4)应注意将各动作要素进行分析,以使学生能够了解用力的大小、动作的程度等方面。

4.分解教学法

分解教学法是与完整教学法相对应的一种教学方法,适用于复杂和高难度体育项目的技术动作教学。能将复杂的动作简单化,降低技术难度。

分解教学法适用于复杂和高难体育技术动作教学,具体是指在体育教学实践中,教师分解完整的技术动作,通过各个阶段、环节的逐个教学,最终使学生掌握整个技术。分解教学应注意以下三个方面。

(1)对技术动作的分解要注意科学,不能打破各环节之间的有效衔接。

(2)分解后的技术动作依次教学,熟悉后注意组织学生对学习环节前后的衔接,结合练习。

(3)技术动作分解与完整综合运用效果更佳。

5.预防教学法

体育教学的开放性使体育学习同样是一个开放的过程,可受到各种因素的影响与干扰。就学生的个体差异性来说,学生的认知能力、理解能力、肢体协调能力等,使其不可能做到一下子就准确掌握知识要点、动作要领。学习过程中难免会犯各种各样的错误,教师针对学生的学习错误,应及时预防和纠正。

预防教学法是对学生的错误认知、错误动作提前采取阻断措施的教学方法。

预防教学法应用要求如下:

(1)体育教学中,教师应在讲解过程中不断强化正确认知,避免学生错误认知。

(2)教师在备课时可结合自己的教学经验对学生可能会犯的错误做好预防预案。

(3)可结合口头评价、口令、指示帮助学生及时预防错误。

6.纠错教学法

纠错教学法是学生在体育教学中出现认知、动作的错误后,及时予以纠正错误的教学法。在体育教学过程中,教师应正确对待学生由于对各种动作技术理解不清或对动作掌握不标准的错误,注意对学生进行有意识的引导和纠正。

纠错教学法应用要求如下:

(1)纠错时,应注意对正确技术动作的讲解,使学生明确产生错误的原因,并及时改正。

(2)结合外力帮助学生明确正确技术动作的本体感觉。

预防和纠错教学法相辅相成,和预防相比,纠错的针对性更强。教师要认真分析学生错误的原因,并有针对性地结合错误的源头采取相应的纠正措施,并给出改正的方向与方法。

7.游戏教学法

游戏教学法,是指教师利用组织游戏的方法使学生完成预定教学任务的教学方法。这种教学方法的应用比较广泛,在体育教学的初期和其他时期都经常被用到,在调动学生的体育学习积极性与主动性方面具有良好的作用。

游戏教学法的应用应注意以下几点。

(1)所开展的各项游戏应与具体的体育教学内容相适应,与教学内容相关。

(2)游戏内容应选择学生感兴趣的内容、方式。

(3)游戏开始前,注意游戏规则、目的的讲解。

(4)游戏过程中,强调学生的积极努力、同伴协同配合。教师应监督学生在游戏中的行为,避免学生破坏规则,如有发生应实施"惩罚"。

(5)游戏结束后,教师应做客观、全面的评价。

(6)注意教学安全。

8. 竞赛教学法

竞赛教学法是通过教学竞赛的组织来开展体育教学的方法。竞赛教学法重视学生的体育运动技能的实践检验,也重视学生在运动中的角色体验及学会如何处理与队友的关系,并促进学生的运动心理的调适与完善。竞赛教学法是体育教学不同于其他学科教学的一种重要教学方法,对于学生的身体运动素质、竞技能力、心理素质、社会关系处理等都具有重要发展促进价值。

竞赛教学法的教学应用要求如下:

(1)明确竞赛目的。通过足球运动竞赛切实提高学生的足球运动技能水平。

(2)合理分组。各对抗队之间的实力应相当。

(3)客观评价。对竞赛过程中学生完成动作的质量予以客观的评价,并指出改进的方向和方法。

(4)竞赛教学法应在学生熟练掌握相应的运动技能和战术后使用,避免学生发生不必要的运动意外伤害。

在体育教学实践中,教师不应只专注于使用一种教学方法,也不能毫不顾忌教学实际而多个教学方法交叉和叠加使用。上述各种体育教学方法的应用应结合具体的教学实际情况和学生情况进行科学选择。使用最佳的教学方法或者教学方法组合,进而促进体育教学质量和教学效果的不断提高。

(二)体育学法及应用

1.自主学习法

所谓自主学习法,即学生积极主动、独立自主进行体育学习的方法。在学习过程中,主动发现、分析、探索、实践。当然,整个学习过程需要教师给予相应的指导。

高校体育教学中,教师指导学生进行自主学习,应做好以下几个方面的工作。

(1)教师应针对学生的水平、特点,为学生安排难度适当的体育教学内容。

(2)教师可帮助学生制定学习目标,指出学生通过自我探索应该达到什么水平、解决哪些问题。学生应根据自身的知识储备和能力水平,明确学习目标。

(3)学生应根据自身情况,对照学习目标,进行积极的自我调控。

(4)教师必须认识到在组织学生进行自主学习中,教师仍要间接参与学生的整个学习过程。自主学习并非意味着教师放任不管,教学中,教师应时刻关注学生的学习进度,是否遇到问题,如果学生的学习偏离预期,应及时引导。

2.合作学习法

合作学习法,是在教师的指导下,学生进行合作互助,通过责任分工承担不同的学习探索任务,并最终解决问题,达到教师所设定的学习目标,完成教师布置的学习任务。

合作学习能够提升学生的学习能力、合作能力。教学中,具体的学习操作方法如下:

(1)教师根据教学内容确定相应的教学目标。

（2）教师引导学生结成学习小组。

（3）全体学生在教师的指导下，根据教学内容确定相应的教学目标。

（4）确定各小组研究的课题，引导学生进行小组内的具体分工。

（5）小组成员合作完成小组的学习任务与目标。

（6）不同小组之间进行学习和交流，分享研究成果，发现问题，取长补短。

（7）教师关注、监督学生学习，推动各小组活动顺利开展。

（8）教师评价，帮助学生总结。

（三）传统体育训练法及应用

1.重复训练法

重复训练法，就是反复进行某一训练内容练习的方法。重复训练法旨在通过反复的动作重复不断地强化运动条件反射，使机体产生较高的适应机制，促进学生掌握和巩固技术动作。

2.持续训练法

持续训练法，是在保持一定负荷强度、运动时间的基础上无间断地连续进行练习的训练方法。

3.循环训练法

循环训练法，是对较多的训练内容进行分类和排序，依次完成训练内容与任务，然后再从训练最初的任务开始，不断循环重复整个训练内容的训练过程与方法。循环训练各站点内容不同，对提高学生的训练兴趣和积极性、主动性有较大的促进作用。

4.完整训练法

完整训练法，是指从头到尾完整地完成一套动作、一个技战术配合的训练，整个训练一气呵成，没有中断。

5.分解训练法

分解训练法，与完整训练法相对，是对训练内容进行阶段、环节划分，逐一攻破,逐一精细化地学习与练习的训练。

6.间歇训练法

间歇训练法,"间歇"把控是重点,具体是对训练时间作出严格规定。通过训练内容与训练时间的有机结合与搭配,安排各内容与阶段的训练的训练方法。

7.程序训练法

程序训练法是按照一定的顺序进行的程序化、模式化的运动训练方法。

8.变换训练法

变换训练法,重在对运动训练要素的变换。通过变换不同的训练要素来开展训练活动的训练方法。

三、高校体育教学方法的创新与发展

(一)高校体育教学方法发展趋势

1.多元化

体育教学的复杂性决定了体育教学方法的多元化发展。体育教学发展至今,已经有了许多教学方法,随着体育教学在未来的不断发展,也必然会出现更多的体育教学方法。

体育理论知识体系和运动技能内容丰富、技战术复杂、体育教学系统的多元化都在客观上要求体育教学方法的多样化与多元化。单一的教学方法是无法实现教学目标的新课程改革的开展与深化,要求必须创新教学思路与方法,体育教学课上不能死咬几种教学方法。体育教学方法的多元化能为体育教师的体育教学提供多种选择,进而实现体育教学更加科学地组织与开展。

现代体育教学中,随着新课程改革的开展与深化,教师应综合考虑多方面影响因素,争取教学方法多元化,优化创新是体育教学发展的必然趋势。

2.现代化

科学技术的发展为人们的生活提供了便利。在教育领域,新技术的应用对新的教学模式、教学方法的创新也提供了技术支持。教学设备的现代化是体育教学的重要表现之一。随着体育教学的各项技术逐渐发展,其教学方法也必然呈现出现代化的发展趋势。

传统高校体育教学理念与方式已经表现出局限性与落后性,传统课堂板书、单纯体能训练(苦练)的教学方法已经与现代社会和学生的发展需求严重不符,不能充分调动学生学习的积极性。因此加快高校体育教学方法创新是高校体育教学改革的必然趋势,而且创新意义重大。

新时代,随着现代体育教学的发展,现代化的教学设备、技术在体育教学中普遍应用。通过先进的现代化教学设备,教师能够对学生的身体素质进行更加深刻地了解,并能够更好地制定运动训练的负荷量。在教学管理方面,能够对学生的学习和生活提供更加便捷的服务。而体育理论教学中,多媒体、计算机软件等的运用,也使体育教学更加生动形象。

在科技发展迅速的大环境下,科学技术的进步对其教学方法的影响是极其深远的。多媒体技术教学、移动通信教学、网络教学等诸多新的具有现代化特点的体育教学方法的优化创新,充分吸收了现代的先进科技,为学生的体育学习提供了更加快捷、生动形象和立体化的教学情境,符合当下学生的学习习惯与需要,优化了教学效果。

3.民主化

民主化教学是现代体育教学改革中所提倡的一种新的体育教学思想,民主化的体育教学有两个方面的要求。第一,体育教育面向全体学生,每一个学生的体育参与都是民主的;第二,呼吁体育教学中师生的民主性,体育教学的民主化是大势所趋。

随着体育教学过程中民主意识的崛起,民主化的体育教学方法也逐渐得到快速的发展。在体育教学方法的选择过程中,也应关注到体育教学中的民主化条件、氛围的创设，让学生在良好的教学环境中学习、参与体育。

4.合作化

现代体育教学实践中，只运用一种教学方法不可能完成整个教学，这就需要对多个教学方法进行综合运用，这就是体育教学的合作化。体育教学方法的合作化，是体育教学方法的重要创新策略。目前，自主学习、合作学习等推崇民主教学的教学方法已经在我国高校得到广泛应用，极大地促进了教学目标的完成和学生的全面发展。

一方面，注重学生合作的教学方法选择，有助于培养学生的体育合作意识，能更好地通过教学活动组织实现体育的社会性教育功能。

另一方面，多种各具特点的体育教学方法的综合运用，可以最大限度地发挥不同体育教学方法的优势。多种不同特点教学方法的优化合作，不仅能够有效地提高学生的技战术水平和知识，还能够在学生的品德方面有着更着重的培养，有利于促进学生技战术的学习和提高，能培养学生的合作意识和良好意志品质。其是对多元体育教学方法的一种"优势放大"，有利于体育教学效果的完善和教学质量的提高。

5.个性化

体育教学中的教学方法面向的是全体学生，但不同的学生之间存在各种差异，这就需要体育教学方法在选用过程中也应突出个性化。体育教学的方法应随着学生各方面的变化（学生的时代特征、个性差异）而进行适当的调整。个性化的教学方法改革和创新对于学生和社会的发展均具有重要意义，能真正实现每一个学生都有所发展和进步。

传统体育教学过分强调教师对教学的指导。教师的教学活动忽视了学生个体之间的差异性，学生的体育学习比较被动。

随着现代高校体育教学改革的不断深入与发展，再加上现代社会越来越注重学生个性的发展，同时，新的体育教学理念的推动，新的科学技术在体育教学中的应用，使现代体育教学中体育教学方法的个性化发展成为可能,并具有了科学化的操作路径,能促进体育教学中的学生个性化教学。学生的个性发展要求教师应根据学生的具体情况,采用不同的体育教学方法。这对于提高学生的体育学习兴趣,充分调动学生的体育学习积极性与主动性具有重要的意义和作用。体育教学方法的发展也必然呈现个性化发展趋势。

6.心理学化

体育具有多元教育功能,促进学生的心理健康发育是体育教育的重要教育功能之一,体育教学中的教学方法选择应为体育的心理教育功能的实现服务。体育教师在体育教学方法中应重视学生心理塑造,正确引导学生,培养学生体育健身意识,培养学生的良好体育道德、体育意志品质、体育精神和体育行为。

心理学理论在体育教学中的应用对于实现体育教育教学促进学生身心健康发展具有重要意义,为体育教学方法重视学生心理建设、发展提供了启发。通过科学的心理学理论指导,教学方法选用开始更多地关注学生心理,能使体育教学方法更符合学生的心理发育特点和心理活动特点,有针对性地选择合适的体育教学方法,能更好地激发学生的体育学习的积极性与主动性。通过影响学生心理来组织和实施体育教学,能更好地实现体育教育教学,更进一步促进学生身心健康发展。

7.最优化

不同的教学方法各有优点,针对具体教学内容、教学对象特点,教师应善于甄选出最佳的教学方法。

(二)高校体育教学方法的科学选择

高校体育教学方法丰富多样,不同的教学方法各有优点,要真正发挥教学方法在高校体育教学中的作用就必须重视教学方法的科学选择。具体来说,高校体育教学方法的科学选择依据主要有以下几个方面。

1.依据教育理念选择

教学理念对教学方法的选择有重要指导作用,教学方法的选择应以

最新体育教学理念为指导,具体要求如下:

(1)现代体育教学强调素质教育,强调学生的身心健康全面发展。体育教学方法选择应体现"以人为本",促进学生参与体育学习过程中的"健康第一",并有利于提高学生的体育学习积极性,促进学生实现"终身体育"。

(2)体育教学方法的选择应体现出学生在体育教学中的主体地位,激发学生的积极性与主动性。

(3)体育教学方法的选择应重视在教学活动中对学生的体育意识、体育能力的培养,为学生走出校门、走向社会继续参与体育奠定知识与技能基础。

2.依据教学目标选择

教学目标、任务不同,教学方法的选择也不同。体育教学目标是科学选择体育教学方法的重要依据。

依据体育教学目标选择体育教学方法,要求如下:

(1)从体育教学的总体目标要求出发,保障每节课的教学目标和总教学目标都能实现。

(2)充分考虑教学媒体的选用能否实现本节课的教学目标,结合教学目标应用不同的教学媒体,选择不同的方法。

(3)教学方法要充分考虑具体教学活动安排所要实现的每一个小的教学目标,如为让学生巩固技能,教师应多采用练习法、比赛法等;为了教会学生学习新技能,教师应多采用讲解、示范、分解、模仿练习等教学方法。

(4)现代体育教学总目标是促进学生体魄强健、身心健康,所有教学方法的选择都应该以此为标准,不能偏离这个标准而只考虑短期教学目标的实现,短期教学目标的实现也是为长期教学目标的实现服务的。

3.依据教学内容选择

体育教学内容丰富,不同的教学内容向学生展示,需要使用不同的教学方法才能呈现出最好的教学效果。在体育教育教学系统中,教学内容、教学方法是两个重要的系统构成要素,二者之间具有密切的关系。因此,教学方法的选择必须充分考虑教学内容。操作要求如下:

(1)选择体育教学方法,应充分考虑体育教学内容的方便实施,如技术动作教学应采用主观的示范法;原理教学应采用语言讲解教学法。

(2)选择体育教学方法,应充分考虑教学内容的表现方式,哪种教学技术能更好地将教学内容呈现给学生,最大限度激发学生的学习兴趣,就选择哪种教学方法。如图片展示更直观便捷,还是多媒体教学展示更生动细致,这些都需要教师对教学内容与表现形式综合考虑。

4.依据学生特点选择

学生是体育教学的对象,教学活动开展不能离开学生,否则教学就没有任何意义。对于体育教师来说,体育教学方法的科学选用是为了更好地促进学生体育学习而服务的,所以在具体的教学方法选择中应重点考虑学生的特点。

在体育教学中,科学选择体育教学方法,既要考虑学生群体特点,又要考虑学生个体特点。具体来说,根据教学对象特点选择教学方法,应重点关注以下几个方面的工作。

(1)科学选择教学方法,就学生群体特点来说,要根据抓住某学生群体的共性,科学选择能涵盖学生这些共性的、有针对性的体育教学方法。如低年级学生应多采用游戏方法教学,高年级学生多采用探究、发现法教学。

(2)就学生个体特点来说,关注不同学生的个体差异,针对不同学生采用不同的教学方法。

5.依据教师条件选择

体育教师是体育教学的组织者、指导者,是体育教学活动的安排者,也是体育教学方法的选择者、实施者。因此,教学方法的选择应充分考虑教师的相关条件,要求如下:

(1)体育教学方法的选择,应考虑该教学方法是否能使得具有一定的素质水平、知识结构、教学能力与经验的教师科学、有效地实施,充分发挥出教学方法的优点。

(2)体育教学方法的选择,应充分考虑是否符合教师的教学风格、性格特征。

(3)体育教学方法的选择,教师应考虑本次课的教学目的与课堂控制。

总之,体育教学方法的选择过程中,教师应认真审视自己,根据自己的实际特点来选择合适的教学方法,便于扬长避短,使教学方法选择更具针对性。

6.依据教学环境与条件选择

在整个体育教学活动开展过程中,体育教学方法的选择应考虑到整个教学活动所涉及的教学因素。其中,客观教学环境与条件是应重点考虑的因素,教学方法的科学选择应该能够以这些必要的教学要素为依据去选择。

具体来说,教学环境包括场地器材、班级人数、课时数等,同时,外界的社会文化环境也对教学环境具有重要的影响作用。体育教学条件则涉及体育教学的硬件条件、软件条件等。

在体育教学活动开展过程中,体育教学环境与条件是不以人的主观意志为转移的,对教学方法的选择具有重要影响。体育教师要选择哪一种教学方法,应关注这些客观教学环境因素的影响,充分考虑如果选择和实施某一种教学方法,有没有实施这种教学方法的必要的客观环境和条件支持。

(三)高校体育教学方法的优化创新

1.教学方法的优化策略

随着现代体育教学的发展,不断有新的体育教学方法被提出并应用到体育教学中,体育教学方法体系内容不断得到丰富。体育教学中,教师在体育教学方法优化创新应用方面的意识越来越强,但也不乏会出现为了创新而创新的现象,这种现象违背了体育教学的客观规律,忽视了体育教学中的学生、教师、教学条件等客观实际,是一种不科学的创新。

对教学方法的合理运用是科学组织与实施体育教学的重要前提,也是体育教学方法优化创新的前提。

体育教学方法的科学化优化操作,具体要求如下:

(1)在实际的体育教学方法优化创新过程中,必须重视教学方法优化策略中的系统性和操作性。

(2)严谨的系统性能使教师对教学有着非常好的整体把握,更强的操作性则能够帮助教师更加方便地执行教学方法。

(3)教学方法将优化应用于具体教学实践,体育教师应重视对教学方法产生的效果进行跟踪了解,可通过学生学习反馈的收集、整理、分析教学方法使用效果的反馈信息,并对教学方法做出优化调整。

2.教学方法的组合创新

教学方法的组合创新是现代体育教学方法优化组合的必然趋势和要求,具体是指以合作学习法为基础来进行教学方法的优化创新。从本质上讲,教学方法的组合也是对原有教学方法的一种优化措施。

随着社会的飞速发展,体育教学方法不断创新,传统教学方法不断完善,新的体育教学方法不断出现,高校体育教师应对教学方法当中的各优势要素进行组合创新运用,以最大限度地发挥不同体育教学方法对体育教学的促进作用。

第三节　高校体育教学的原则

一、体育教学原则的概念、含义以及形成

任何一门学科都拥有教学原则,这是保证教学过程规范化和教学方

向科学化的基础。体育教学原则在教学过程中发挥着关键作用。

(一)体育教学原则的概念

体育教学原则是实施体育教学最基本的要求,是保证体育教学过程不脱离体育教学目标的最基本因素。[①] 在进行教学内容和教学方法的选择时,体育教学方法也受到体育教学原则的约束,因此,它也是保证体育教学方法和教学内容科学性和实用性的基础。

(二)体育教学原则的含义

体育教学原则是根据体育教学的特点及体育教学大纲的目标要求而编写的。体育教学原则有以下三个方面的含义。

1.体育教学原则是体育教学的规范

体育教学原则是体育教学的规范,是体育教学过程中各种教学行为改变的基本"底线",体育教学的相关方法和目标都是在体育教学原则的基础上不断优化和加强的。因此,体育教学原则是体育教学所有要求中最基本的内容。

2.体育教学原则保证体育教学的科学性

体育教学原则既来源于体育教学,又对体育教学起到约束作用。因此,体育教学原则中的要求能够保证体育教学过程不脱离教学实际,有利于教学目标的实现。

3.体育教学原则保证体育教学内容的合理性

体育教学原则是保证体育教学内容合理性的基础。在进行教学内容的选择时,对所选择的内容应该按照体育教学原则的要求进行筛选和检查,如果不符合体育教学原则的要求,那么就应该予以删除。如拳击类运动就违反了安全性的教学原则,因此不能作为教学内容。

---

① 李彦松. 多维度视域下的高校体育教学工作研究[M]. 长春:吉林科学技术出版社,2022:21.

（三）体育教学原则的形成

1. 体育教学原则是体育教学实践经验的概括和总结

自从体育教学成为学校教育的组成部分之后，体育教学工作者一直致力于探索如何更好地完成体育教学的目标和如何提高体育教学的质量。为了保证体育教学的规范性，体育教学工作者在长期的体育教学实践中，对前人的体育教学经验和教学成就进行了总结和分析，探究出体育教学的规律要求。在长期的积累和不断地修订中，最终形成了体育教学的原则。

2. 体育教学原则是体育客观规律的反映

体育教学原则是体育教学过程的客观反映。体育教学有着共同的规律，这些规律是客观存在的，不受任何环境和情况干扰。在所有的体育教学中，也都是依据这些客观规律进行体育教学实践的。

3. 体育教学原则在不断发展和完善

体育教学原则与人们的认知水平有着本质联系，是受人们的认知水平制约的。随着人们对体育教学认知和实践的不断深入，以及社会的不断发展和进步，体育教学原则将随着人们认知的提高而不断发展和完善。因此，我们要跟随时代的脚步，与时俱进地对体育教学原则进行研究。

二、体育教学原则提出的依据

（一）哲学依据

这是最重要的依据。从所应遵循的哲学思想来说，最基本的是唯物论和辩证法。

违反辩证唯物论，主观主义地杜撰出一些"原则"来的事物是不难看到的，硬要把某些只能在局部地方起作用的东西夸大为在任何地方起作用肯定行不通。

对事物的基本关系的分析，具体问题具体分析，这是辩证法的重要内容，这是避免片面性的重要方法，但片面性却常见，例如，直观性原则就是一条有片面性的原则。尽管直观在认识中有重要的作用,而且在教学活动中应当自觉地运用直观,但是直观只能在有利于认识的启动和深入时才使用,不能为直观而直观。直观适用的范围并不是普遍的,大量的概念、原理是不可能借助直观手段的,如"道德"这个概念就无法直观地解释。因此直观手段具有片面性,体现在两方面:第一,直观手段的普遍性有限;第二,直观与认识的关系,直观与抽象的关系,这是更重要的方面,但未涉及或未弄清楚。

(二)教育理论依据

按照整个教育科学领域的理论层次来说,应当是这样的。教育理论,从大的方面来说,有教育本质论、教育目的论、教育价值论、教育规律论、教师论、学生论、德育论、智育论、美育论、教学论以及德育体制与教育管理理论等许多方面。

教育目的论、教育价值论所要涉及的人的发展理论无疑对教学原则有重大影响。关于人的全面发展的目标是最基本的,教学应当体现教育目的是这一目标最重要的内容,这一点应为教学原则的制订所充分考虑,然而,传统的教学原则研究对此是比较忽略的。凯洛夫教学原则体系的重大缺陷之一亦在此,他提到的自觉性原则只是附带地涉及教学的教育目的。课程论、教师论、学习论,这些也是对教学原则制订有影响的。教学中的几个基本要素——教师、学生、教材,它们的相互关系及其正确处理是教学原则所应当回答的问题。传统的教学原则研究一般只从教师的角度讲,尽管教学原则必然主要为教师所掌握和运用,但应涉及教学中几个基本要素的关系。对于教材,系统性原则对之给予了部分的注意,特别给予注意的是结构原则。

三、体育教学原则的作用

(一)使体育教学要求更加明确

体育教学原则是体育教学工作的基本要求和教学规律的具体体现。通过体育教学原则制定的教学要求更加具有科学性、准确性和生动性,而且有利于学生接受,因此,体育教学原则更加明确了体育教学的要求。在体育教学开展的过程中,相关教育单位或者体育教学小组可以针对体育教学原则的内容对体育教师提出具体的要求。从某种程度上说,体育教学原则是对体育教师提出的最基本的要求,是教学过程中必须遵守的。

(二)梳理教师进行教学的思路

体育教学是一个复杂的教学过程,涉及的内容有很多。如根据教学目标进行教学内容的选择和安排;对教学方法的选择和运用;对学生兴趣的培养和管理;对教学条件的准备和优化;对课堂的设定和计划;对学生的研究和方案的制定;等等,这些因素会为教学增加很大的难度。但是如果教师按照体育教学原则进行,那么教学工作就是正确的、科学的,教学质量就能得到基本保障。所以,教学原则帮助教师梳理了教学思路,保证了教学的科学性。

(三)作为观察体育教学的视角

由于体育教学原则反映的是体育教学的基本要求,所以说在教学的过程中只有遵循体育教学原则才能满足体育教学要求,这样才会呈现出合理的外部特征和表现;反之,如果不遵循体育教学原则,就不能保证教学目标的顺利实现和教学过程的科学性。因此,在教学过程中,可以以体育教学原则为视角观察教学的外部特征和教学表现,从而判断体育教学实施过程的合理性。

(四)作为评价体育教学效果的标准

任何一种对教学的评价都有可能出现主观依附性,对教学效果产生干扰,影响体育教学评价的科学性。但是,如果我们以体育教学原则为参考进行评价,不仅能统一体育教学评价的标准,还保证了体育教学评价的科学性。

四、体育教学原则的因素与要求

(一)学科体系因素与要求

虽然体育教学与其他学科教学相比有着非常明显的区别,但是每一个学科的教学都应该遵守学科的一般要求,这是教学实施的前提和基本要求。如果在教学的过程中不遵守学科体系因素与要求,那么教学就会失去科学性和合理性,朝着错误的方向进行,同时还可能造成教学步骤混乱、教学失去重点、难以达成目标等。如有序性原则、结构性原则、科学性和思想性相统一的原则,都是在学科体系因素与要求的基础上确立起来的。

(二)学生发展因素与要求

学生是学科教学活动中的重要组成部分,是教育活动的承受者和教学效果的表现者,也是教学过程合理性与否的体现者。由于学生的生长环境和心智发育存在差别,因此在教学过程中应该对学生进行研究和分析,把握每一个学生的特点,以便于针对性教学的实施,保证教学的质量。如启发创造性原则、因材施教原则、启发诱导原则、动机原则、积极主动性原则等。

(三)教学法理因素与要求

教学法理因素与要求是根据学生在教学中的接受能力和教学内容的特点以及学生的心理发展特点和教学方法特点制定的。坚持这样的教学原则能够保证学生学习的合理性和科学性,有利于学生对学科知识的接受和掌握,促进教学质量的提高。如理论联系实际原则、直观性原则、巩固性原则、循序渐进原则、系统性原则、反馈原则等。

(四)教学工作因素与要求

教学工作是教学的中心环节,也是教学中最重要的环节。教学工作是教学实施的过程,教学工作中涉及教学形式、教学方法、教学条件和教学过程等因素,其中每一个因素都有其基本的要求。只有在教学过程中认识到这几个因素的重要作用,才能保证教学的准确性和合理性。如教学整体性原则、教学形式最优化原则、教学方法优化原则、教学条件优化原则、教学过程优化原则等。

在进行体育教学时,必须建立一个内容完整、词义准确、指导性强、便于记忆的教学原则体系,这样才能发挥整个教学原则对教学活动各个环节的指导作用,促进体育教学达到最优化。

五、当前我国基本的体育教学原则

(一)合理安排身体活动量的原则

合理安排身体活动量是保证体育教学科学性的前提和基础,是素质教育对体育教学的基本要求。如果体育教学的运动量较小,就无法满足学生的身体发展需求;如果运动量过大,就会对学生的身体造成损害。

1. 合理安排身体活动量原则的含义和依据

合理安排身体活动量的原则,是指在教学的过程中必须体现体育教学的本质特点:身体的活动性,而且要根据学生的身体状况和运动的特点,保证学生接受的活动量在其肌体承受能力之内,同时又能满足学生掌握体育知识和技能的需要,以及身体发展的需要。

合理安排身体活动量的教学原则是依据体育教学的特点,以及学生在身体锻炼过程中所承受的运动负荷的规律而提出的。

科学的身体运动是学生锻炼身体和掌握基本运动技能的过程,也是保证体育教学目标实现的过程。因此在体育教学过程中要保证学生肌体所承受的运动量的合理性。

2. 贯彻合理安排身体活动量的基本要求

(1)活动量的安排要服从体育教学的目标

在教学的过程中,教师合理安排体育教学的活动量,实际上就是为了保证教学活动的科学性。因为合理的运动量的安排能最大限度地发挥体育教学的优势,促进教学目标的实现。如果某位教师在对学生进行身体训练的时候,运动量超过了学生的身体承受能力,则会对学生的身体造成伤害,无法保证促进学生身心健康这一教学目标的实现。

(2)活动量的安排要符合学生的身体发展状况和身体发展需要

身体运动量的科学性能促进学生身体素质的提高,降低现代生活中一些不利因素对学生造成身体方面的影响。教师要科学地安排学生的活动量,首先应该对学生的身体发展状况进行研究,清楚学生身体发展的需要,这样才能保证活动量安排的合理性。

（3）要通过科学的教程、教材和教法的设计合理安排身体活动量

体育教学运动具有复杂性的特点，运动项目多种多样，有的运动量大，有的运动量小，呈现出不平衡的趋势。因此在教学设计的过程中要考虑到学生的运动量问题，以此进行教程、教材和教法的设计。

教学过程是实现体育教学目标的过程，教学各个阶段的教学任务和教学内容不同，因此，在教学过程中还要根据不同阶段的教学内容及教学内容的特点合理安排运动量。

教法是教学的呈现，也是调节运动量的根本手段，因此在教学的过程中，要跟随体育教学活动的情况随时调整运动量和运动强度，以保证运动量的合理性。

（4）因人而异地考虑运动量

学生是教学活动的主体，因此要保证教学过程中运动量控制的合理性。应该以学生为重点，根据学生的身体特点因材施教地安排运动量，调节运动量的大小，在达到体育教学对学生整体要求的水平上，根据学生的身体强弱进行运动量的控制。

（5）逐步提高学生控制运动量的能力

在体育教学过程中，除了要促进学生运动技能的提高，促进学生对相关运动的知识和要求的掌握外，还要教导学生一些判断运动量和调整运动量的方法和技巧，帮助他们合理地控制运动量。

（二）注重体验运动乐趣的原则

1.注重体验运动乐趣原则的含义

注重体验运动乐趣的原则是指在体育教学过程中，传授学生体育相关知识和技能的同时，让学生感受到体育学习的乐趣，这样能使学生喜爱体育运动，并积极参加体育教学活动。

注重体验运动的乐趣，是根据体育教学的特点和学生在体育运动中情感的变化提出来的，体验运动乐趣是参与体育运动和体育比赛的重要目的。随着科学技术的不断发展，人们生活的节奏也日益加快，这些快节奏的生活方式给人们的健康带来了不利的影响，人们急需通过体育锻炼

维持自己的身心健康,所以,体育运动逐渐成为人们生活的一部分。

让学生体验体育运动的乐趣,同时也是促进体育教学质量提高的手段,因为体育教学侧重的是学生的学习活动,学生只有在体验到体育运动乐趣的时候,才会增加对体育运动的兴趣。有了兴趣,他们学习的主动性和积极性才能被充分调动,体育教师才能不断提高体育教学的质量。

2.贯彻体验运动乐趣原则的基本要求

在体育教学的过程中,贯彻体验运动乐趣原则的基本要求有以下几点。

(1)正确理解和对待体育运动中的乐趣

每项体育运动项目都有其固有的运动乐趣,这些乐趣来源于这些体育运动项目的特征。体育教师要想充分地挖掘和利用体育运动中的乐趣,促进教学目标的实现,首先应该正确地理解和对待它们,既不能无视它们的存在,也不能盲目地挖掘。要从体育教学目标、运动的特点、学生的情感倾向等方面深刻地理解体育教学运动中的乐趣。

(2)注重从学生的立场理解教材

教师和学生是体育教学中的两大主体,是教学活动的重要组成部分。教师是教学活动的教授者,学生是教学活动的接收者。二者的立场不同,因此理解教材的角度也就有所不同。教师往往从教学过程和教学目的两个方面理解教材,而学生往往从乐趣和挑战两个方面理解教材。学生是教学活动的参与者,是教学方法的受用者,也是教学目标的体现者,因此,应该注重从学生的立场理解体育运动中的乐趣。

(3)让每一个学生都能不断获得成功的体验

体育与其他学科的根本教学目标一致,就是提高学生的知识和技能,使学生不断成长。而与其他学科教学不同的是,体育教学是一个与学生的身体条件密切相关的教学活动。每一位学生受到遗传因素的影响,在身高、体重和运动技能等方面有所区别,如果开展集体的训练活动,那么一些身体条件较弱的学生很容易在学习的过程中体验到差距。所以,为了保证学生在学习过程中的平等性,就必须通过各种教学的加工和教学方法的优化,让学生不断体验成功的乐趣,增加学生的自信。

（4）处理好运动乐趣与运动技能之间的关系

要让学生在运动的过程中体验到成功的乐趣，但是体育教学的目标是提升学生的运动技能，因此在教学的过程中要保证二者之间的统一。体育教学中有些内容具有趣味性和技能性，但是有的运动技能性偏重。只有技能性和趣味性二者相统一，才能促进教学目标的实现。因此，在教学的过程中，要将趣味性和技能性较强的活动作为教学的重点，同时也要挖掘技能性偏重活动中潜藏的趣味性，提升教学质量。

（5）开发多种有利于学生体验乐趣的教学方法

在教学的过程中，教师除了要重视体育知识的传授之外，还要善于采用多样化的教学方法帮助学生体验运动的乐趣。如在教学的过程中，可以通过运动项目的特点，灵活地使用游戏法、比赛法、领会教学法等，让学生能够充分地、平等地体验到体育的乐趣，促进学生对体育学习兴趣的提升。

（三）促进运动技能不断提高的原则

体育教学的目的是促进学生运动技能的提高，因此在教学的过程中要注重促进学生运动技能不断提高的教学原则，保证教学目的的实现，提高教学质量。

1.促进运动技能不断提高原则的含义

促进运动技能不断提高的原则，是指在教学的过程中教师要通过各种教学方法的运用，不断提高学生的运动技能，提高学生的运动成绩，从而提升体育教学质量。

促进体育教学运动技能不断提高的原则是由体育教学的目标、社会的需求和肌体发展的需求三个因素决定的，同时也是实现体育教学终身化的基本前提和条件。

掌握体育教学的运动技能，是通过体育教学提升学生的运动能力、发展学生的运动素质、提升学生运动技能的有效途径，也是让学生体验运动的乐趣、提升体育教学质量的前提，更是判断体育教学目标是否完成、检测教师教学能力高低的标准。

2.贯彻促进运动技能不断提高原则的基本要求

促进学生运动技能的不断提高,是体育教学目标的重要组成部分,也是体育教学的意义所在。在制定这一教学原则的时候,应该做到以下几点。

(1)正确认识运动技能在体育学习中的重要意义

掌握运动技能可以锻炼学生的身体,提升学生的运动素质,促进教学质量的提高。因此,教师在教学的过程中,要注重提升学生的运动技能。

(2)明确运动技能学习的目的,有层次地掌握运动技能

体育教学要求学生掌握运动技能,就是为了丰富学生的学习生活,增强学生的身体素质,保证学生的健康成长。因此,在教学的过程中,开展以“运动技能的提高”为目的的教学时,要坚持“健康第一”和“终身体育”的理念。将体育教学目标根据教学任务进行分阶段的划分,有层次和分门别类地让学生掌握体育教学大纲所要求的运动技能。

(3)要钻研“学理”和“教学”,提高教学质量

要想提高教学质量,应该先做到“知己知彼”。因此,要想让学生很好地掌握体育运动技能,就必须详细地掌握运动技能的规律,特别是教学环境中的各种运动技能的特点和发展的规律。体育教学是一门较为复杂的学科,并且教学的时间相对有限,为了保证体育教学的效率,我们必须研究体育教学技能提高的途径和规律。

(4)要创造提高运动技能的环境和条件

任何一种技能的学习都会受到环境和条件的影响,只有在环境和条件相适宜的情况下,才能最大限度地发挥教学的作用。影响环境和条件的因素,不仅包括教师自身的运动技能和水平、教学场地和器材的优化,还包括体育教师对学生学习氛围的营造。

(四)提高运动认知、传承运动文化原则

提高运动认知原则能够促进学生体育相关知识和技能的形成,传承运动文化原则能够增强学生的责任感,从而激发学生对体育教学的学习兴趣,促进学生对体育技能的掌握。

1.提高运动认知、传承运动文化原则的含义

提高运动认知、传承运动文化,就是在进行体育教学时,通过对学生的体育知识和技能的培养,增强学生对体育运动的认识,加深学生对体育运动文化的理解,便于学生对体育文化的接受和传承。

体育运动是通过各种运动体验而形成的一种特殊的运动方式,而且就目前运动在人们生活中的价值和社会发展的趋势可以看出,人们对运动认知能力的提高,不仅有利于身心健康,还有利于运动文化的传承和发展。

每一门学科都有其重要的作用,体育教学的作用之一就是提高学生的运动认知能力,促进学生身心健康的全面发展。因此,在开展体育教学的过程中,要坚持提高运动认知、传承运动文化的原则。

2.贯彻提高运动认知、传承运动文化原则的基本要求

(1)重视体育教学中的认知因素

重视体育教学中的认知因素,就是要在教学过程中,注重学生对运动技能的掌握和对体育运动文化的理解。加强学生对运动技能的认知有利于他们在今后的终身体育学习中对运动技能的运用。

(2)注重培养运动表象和再造想象

运动表象和再造想象是学生掌握技能的基础,学生头脑中关于运动表象和再造想象的知识储备越多,对运动技能的接受和掌握就会越迅速。因此,教师在体育技能教学的过程中,要不断地向学生演示运动的具体动作,并督促学生模仿练习,使动作得以巩固和熟练。

(3)注意开发有助于学生认知的教学方法和手段

方法和手段是实现教学目标的基础。体育教学是一种较为宽泛的教学,在体育教学过程中,想要提升学生的运动认知和技能,就必须采取正确的教学方法和手段。在教学方法的选择上,要注重创新方法和层层深入方法的开发;在教学手段层面,要重视对娱乐性较强的教学手段的开发,从而帮助学生提升运动知识和技能。

(五)在集体活动中进行集体教育原则

1.在集体活动中进行集体教育原则的含义

在集体活动中进行集体教育原则,是指在学生进行集体性的学习活动时,要注重对集体荣誉感和团结性等集体活动特性的培养,增强集体的凝聚力,使学生形成正确的集体意识,养成良好的集体行为习惯。

在集体活动中进行集体教育原则依赖于组成集体的特点、集体活动的规律、集体运动的发展等。

体育教学活动主要以协同、竞争、表现为特点,这些特点主要是在集体活动形式中得到体现。再加上体育教学侧重于室外教学,受到场地、教学活动范围和教学方式的影响,体育室外教学的开展一般以小组为单位,这使得体育教学具有集体性,因此在教学过程中要注重对学生集体教育的原则。

2.贯彻在集体活动中进行集体教育原则的基本要求

(1)分析、研究和挖掘体育教学中的集体要素

从体育教学的特点可以看出,体育教学中有很多集体性的要素,因此在进行体育教学的过程中,要注重分析、挖掘具有集体含义的要素,如团队的意识、共同的目标、互帮互助的活动形式等。教师在进行集体教学的过程中,将这些要素有目的、有意识地融入学生的集体活动和体育学习之中,以便促进对学生团结意识和集体荣誉感的培养。

(2)善于设立集体活动的场景

在体育教学过程中衡量教学活动是否具有集体性的依据是:检测集体是否具有共同目标、是否具有共同的学习平台,因为共同的目标和学习平台是集体活动的重要组成部分。

共同的学习目标是每个学生学习的动机和欲望;共同的学习平台是学习的场所和环境,能够体现集体的存在感。这两个要素能够让学生更好地凝聚在一起,互帮互助完成共同的目标。因此,教师想要贯彻教学中的集体教育原则,就应该善于设立集体活动的场景,如打篮球、进行拔河

比赛等。

（3）善于开发有助于集体学习的方法

要合理贯彻集体活动中进行集体教育原则的手段，就必须建立有助于集体学习的方法，这是促进教学目标实现的重要方法。如组织学生进行课堂讨论、分组进行某种运动技能的比赛等，这些教学方法将为体育教学中贯彻集体教育原则提供技术上的支持。

（六）安全运动与安全教育的原则

安全运动与安全教育的原则是体育教学的根本要求。因为开展体育教学的目的是提高学生的身心健康水平，如果脱离了安全这一宗旨，任何一种教学活动都不能称为科学有效的教学方式。

1. 安全运动与安全教育原则的含义

安全运动与安全教育原则是指在教学的过程中保证安全教育的同时，对学生进行安全意识的培养和教育。

安全运动与安全教育的原则是依据"体育运动的特点"和"加强学生体育教学的目的"两方面确定的。众所周知，体育运动是以剧烈的身体活动、野外活动、集体活动、器械运动等一系列身体上的运动组成的，因此，体育运动是一种危险系数较高的活动。初学者或是体质较弱的学生在学习某类活动的时候风险较高，但是这种风险是相对的，是可以避免的。因此在体育教学开展之前要进行严格的设计，以保证教学的安全性。

2. 贯彻安全运动与安全教育原则的基本要求

在体育教学中贯彻安全运动与安全教育原则的要求如下：

（1）教师必须周到地预想所有存在安全隐患的因素

体育教学中有很多存在安全隐患的因素都是可以预测的，如因学生的身体差异产生的因素、器械的损害产生的因素、场地不合理产生的因素、天气产生的因素等。在进行教学之前，教师只有根据这些因素进行合理的规划，才能保证教学的安全。

（2）时刻对学生进行安全运动教育

要在教学过程中贯彻安全运动与安全教育，就需要对广大的学生普及安全教育知识,让学生在学习的过程中时刻坚持"安全第一"的原则,这样才能将安全意识落到实处。

(3)建立运动中的安全制度和安全设备的管理

制度是约束学生行为的一种较有权威性的指标,建立运动中的安全制度,能够让学生在教学的过程中自觉遵守安全行为规定,限制危险运动或行为。设备是体育教学中不可缺少的条件之一,也是危险的存在载体之一,因此要在教学的过程中重视对设备安全的管理。

第三章　高校体育教学的理念

在新的时代背景下,高等教育体育教学的改革和进步需要依赖于科学的体育教学理念。只有深入理解体育教学的特性和规律,明确其核心特点和体系结构,我们才能进一步提升体育教学的质量。新兴的体育教学观念为从事体育教学的专业人士提供了更为深刻的理论支持。在这一新的教学理念的引领下,许多体育教学中存在的问题都有可能得到有效的解决方案,进一步推动体育教学的持续发展和完善。

第一节　"以人为本"教学理念

一、"以人为本"教学理念概述

(一)"以人为本"的基本内涵

"以人为本"的理念在全球范围内都有所涉及,但直到近现代,它才逐渐形成了一个完整的思想体系,并在教育和教学领域被视为一个固定的术语。

1.我国古代"以人为本"思想

在我国古代,学校和体育教育有着悠久的历史,一些思想家提出的教学思想与现代"以人为本"的教学理念有着相似的思想内涵。但是,当时的教育教学思想还没有形成一个系统化的理论体系。

早在商周时代,就有学者提出了"民本"的观点,强调人民是国家的根基,这体现了我国古代教育家和思想家对"人"的高度重视。

在春秋时代,儒家所提倡的"仁者爱人"和"以民为国家之本"的教育观念,与"以人为本"的教育哲学紧密相连。然而,在那个时代,人们更多地被视为政治的象征,并没有在教育实践中得到系统地体现。

2.现代"以人为本"思想内涵解析

在新的时代背景下,体育教育秉持"人为核心"的教学哲学,教育的起点、焦点和终极目标都围绕"人"展开,其教育目标是"人的全面发展",而教育的根本和基础都是以人为中心。"人本主义"的发展理念强调在教育活动中要重视人的自由、幸福、全面和谐发展以及最终价值的实现,这要求体育教育需要打破机械化的教育模式,真正实现人的全面教育。教育是一个涉及个体自我实现、自我认知和自我确认的连续过程。在新的时代背景下,将"以人为中心"的核心理念纳入体育教育,而不是仅仅依赖金钱来评估现代人的自我价值和尊严,已经成为人类社会和谐与可持续发展的关键要素和核心内容。在21世纪,真正的竞争焦点是"人才"之间的争夺,而真正的人才培养是通过教育来达成的。在这个新的时代背景下,各级学校都应深入实施科学发展观,并始终坚守"以人为本"的原则,这也是学校体育教育发展的必然方向和核心要求。

(二)"以人为本"的理论基础

自20世纪初,伴随着科技的飞速进步,科学主义逐渐成为现代教育发展的核心理念。在20世纪50年代的教育变革过程中,众多的教学理念和观点不断涌现。其中,认知心理学和行为主义都对人的本质认知带来了挑战,使得教育仅仅变成了人们追求更高能力和得到认同的手段。

在科技持续进步的推动下,人类的生产和生活习惯都经历了巨大的转变。科学对我们的生活方式产生了深远的影响,它给我们带来了很多启示。随着人们对科技的依赖增加,他们的生活方式也会受到更多的限制。因此,在教育领域,"人本主义"的理念也日益受到重视,旨在帮助人们从物质的束缚中解脱出来。现代的人本主义理念主张,我们应该摆脱对科技的依赖,重新确立人在这个世界上的核心地位,而不是仅仅依赖科技的进步。

从人在社会进步中的核心地位,到教育领域对"人"这一作为学习者和教育者参与教学活动的主体的关注,"以人为本"的理念在教育等多个方面都受到了广泛的重视。

在教育和教学过程中,"以人为本"的教学哲学旨在从传统的、缺乏人性关怀的教学模式中解放参与者,重新确立人在教学中的核心地位。这一理念强调了"人"的价值,并在教学活动中,真正关心教师和学生的身心健康和持续发展。

"人本主义"这一理论涵盖了几个核心的观点:

第一,学习者作为学习的中心,应当得到充分的尊重。

第二,学习是一个丰富人的内心的旅程,其核心目标是实现人的"自我价值"。我们应当强调,教育的目标应该是促进所有教学参与者(特别是学生)的人格完整性,并进一步丰富和提升人们的认知和情感。

第三,人与人之间的关系构成了最有益的学习环境。第四点,"意义学习"被认为是最为高效的学习方式。

(三)"以人为本"的教学解析

在"人本主义"的教育观念里,广泛意义上的"人"指的是学生、教育者以及教育的管理者;在狭义上,"人"指的是学生,而教育则是一种"培养人"的活动。在"以人为本"的理念中,"人"的最深层次含义是"学生",因此,教育的核心应该是确保学生的身心健康和全面发展。

(四)"以人为本"的教学观点

"以人为本"的理念强调了人在教育过程中的核心地位。在教育和教学的实践中,体育教育者和众多学者逐步总结并提出了以下几点看法。

1.教育的目的是促进师生自我实现

首先,在体育教育过程中,为了实现学生的全面自我发展,我们需要促进他们在身体、心理、智力和社交能力等方面的全面进步。体育教学不仅具有丰富的教育价值,还能全面促进学生各方面素质的综合提升。在"以人为本"这一核心理念的指导下,体育教育不仅强调了健康知识和运动技巧的掌握,还提倡通过精心设计的体育教学环境和合理的教学流程来促进学生在心理、情感、智慧和社交方面的全面发展,从而实现学生在情感和智力方面的有机融合。教育专家罗杰斯持有这样的观点:在体育教育中,一个核心的教学目标是促进学生在认知和情感上的全面发展。通过体育教学活动,我们可以挖掘和激发每一个学生的潜在学习能力,并在多个方面培养他们的创造力。最终,我们培养出的学生应当具备创新思维、创造性意识和实际能力,这样的人才才是社会真正需要的。

再者,在体育教育过程中,教师的真正价值体现在他们能够有创意地完成体育教学的各项任务。通过这种方式,教师能够培育出与社会进步相匹配的优秀人才,从而推动学生的全面发展和进步。在体育教学过程中,通过科学地设计体育教学内容、组织各种体育教学活动和利用教学媒体,可以有效地提升学生的教学、组织、社交、科研和创新能力。这不仅有助于提高学生的综合教学能力和体育素养,还能促进他们在职业生涯中的持续发展。学生还可以在日常生活和工作中积极参与体育锻炼,从而不断提高自己的身体健康状况,并对学生和周围的人产生深远的影响。

2.课程安排应尊重学生的自由发展

在人本教育观念出现之前,传统教育主要侧重于社会价值和工具价值。这种以人为中心的教育思想和观点让人们意识到,传统的工具化教育实际上是对其核心属性的违背。因此,我们必须明确,人是教育活动的出发点,人本教育将教育的焦点集中在人的全面发展上,特别是人的健康成长。

在体育教学中,我们面对的是每个人,每个人都有其独特之处。教育的目标并不是简单地"大规模培养人才",而是在促进每个人全面健康发展的基础上,追求个性化的成长。因此,体育教学应当在统一的教学标准下,根据每个学生的特点进行教学。教师需要努力设计各种不同、重点各异的课程,确保每位学生在体育教学过程中都能取得进步。通过科学的体育教学方法,我们可以组织和引导学生积极、全面地参与到培养个性化人才的活动中。

3.教学方法选用应重视学生情感体验

人本主义的教育观点主张"人为核心"的教学理念,强调以学生为焦点,追求个性化的成长。学生的这种成长是基于他们的学习经验和体验。因此,在体育教学中,我们应当注重选择科学的教学方法,激发他们对体育学习的热情,并为他们提供一个优质的学习环境。

在现代体育教学中,我们强调"尊重每个人的独特性,以人为核心,重视每个人的情感体验"。因此,体育教师需要深入了解学生、给予学生充分地尊重、真诚地理解和信赖他们。只有在这样的基础上,教师与学生之间的关系才能得到真正地改善,并有助于建立一个和谐的师生关系。建立良好的教师与学生之间的关系对于体育教学活动能够顺利进行具有至关重要的作用。不夸张地说,学生对于体育的学习态度、个人的兴趣爱好以及所获得的学分都是他们的主要驱动力,同时,教师的个人魅力也起到了不可忽视的作用。此外,建立师生之间的和谐关系也有助于在教学活动中实现师生的更好配合,从而提升体育教学的整体质量。

二、"以人为本"教学理念的体育教学指导

(一)重新定位体育教育价值

多年来,基于对体育科学化的深入理解,人们经常从生物学的角度来评估学校体育的重要性,并过分强调学校体育在"增强体质"方面的作用。另外,在对体育活动本质的理解方面,部分教师持有某种程度的偏见。以足球教学为例,我国的体育教材普遍将体育活动定义为"主要由脚来控制球,两队在同一场地内进行攻击和防守的运动项目"。针对这一观点,部分教师认为,"球"应作为活动争夺的核心目标,因此也忽视了"球"应受制于人,而"人"则应是整个体育活动中的主要参与者。

在全球化进程中,各种思想和文化正在经历持续的进化和整合,这也反映在教育思想的发展方向上。人本理论和"以人为本"的教育观念的提

出,凸显了现代社会对于人的全面发展的高度重视。在体育教育和教学领域,目前的学校体育更加注重人的全面发展,因此,学校体育的基本出发点和落脚点应当是"育人"。

在当代高等教育体育课程中,"以人为本"的教学哲学是与当下社会发展趋势相契合的。在这个时代,人的全面发展在社会的多个方面都受到了广泛的关注。即便在智能社会中,机械生产已经取代了传统的人工生产,但真正发明和操作这些机器的依然是人类。人在整个人类社会的进步中扮演着至关重要的角色,因此在任何情况下都不能忽视人的重要性。

在人本主义的教学观念和思想指导下进行的体育教学,强调教育者在进行体育教学活动时,应特别关注学生这一关键因素。教师在教学过程中需要学生的积极参与和配合,否则教学活动将失去其存在的意义。

值得强调的是,在教学过程中,教师不仅是一个关键的参与者,还是一个应当受到重视的群体。在教学过程中,体育教师所扮演的角色也是不应被轻视的。

在当前时期,我国体育教学的理念正展现出多样化的发展方向,许多教学理念都聚焦于"人"的培养,探讨了如何在体育教学中更有效地推动和实践"人"的全面发展。

(二)体育教学目标的重构

在中国,传统的学校体育教育目标主要集中在提高学生的身体素质、掌握"三基"教育和道德教育方面。然而,体育教学过于追求实用性和竞技成绩以及金牌数量,这些因素都严重忽视了学生的全面健康发展,不仅不利于学生的健康和可持续成长,也不利于整个教育体系的可持续发展。

随着体育教育的持续进步,现代的科学教学观念和理论为体育教育者提供了更多的教育灵感和方向。体育教学在培养学生方面的作用也在不断地扩展和深化,多样化的学校体育价值观为体育教学目标的重塑提出了新的挑战。

在新的时代背景下,"以人为本"的教育观念在学校各个学科的教学中得到了广泛的应用和渗透。同时,越来越多的学者开始认识到,传统的体育教育体制已经不能满足现代体育教育的需求,不能仅仅关注学生的外在技能水平,而应该更加重视学生的全面、健康和可持续的发展。在新的时代背景下,体育教学的焦点已经转向了"人本主义"。在体育教学过程中,教师需要深刻认识到,人不仅是运动的参与者,也是运动的核心参与者。因此,体育教学和训练的根本目标应当是促进人的全面发展。

(三)学生教学主体观的建立

在当前阶段,"以人为本"的教学哲学已经成为我国体育教育的核心理念。随着我国体育教学实践活动的深入进行,越来越多的教育工作者开始更加关心学生的需求,根据学生的特性、条件、基础知识和学习需求来选择合适的教学内容、方法、组织形式和模式。在高等教育机构中,体育课程更多的是以选修的方式进行的。不同的教师通过各自的教学技巧和"因材施教"的原则,以及对学生的关心和研究,旨在赢得学生的喜爱,进而鼓励更多的学生选择自己的大学体育课程。简言之,学生构成了教学的核心,若无学生,教学活动便会消失。

(四)体育课程内容的优选

传统的体育教育方式往往忽视了学生的整体健康成长。体育课程主要集中在竞技体育技能上,而体能和技能的训练往往取代了体育教学。在新的时代背景下,"以人为本"的教育哲学更加注重学生的全面、健康和个性化的成长,这也使得体育教学内容的选择更为科学合理。

在"以人为本"的教育理念引领下,我国体育教学取得了显著的进步和发展。为了进一步推动我国体育教学改革,教育部门陆续修订了各级学校的体育教学大纲,强调了在体育教学过程中需要不断丰富教学内容,通过多元化的教学内容来促进学生的身心健康和全面发展。在高等教育的体育课程中,教学活动的实施是基于"健康第一"的教育哲学。通过丰富的体育教学内容,我们可以吸引学生参与体育锻炼,从而促进他们的身心健康。与传统的只注重竞技能力提升的教学方法不同,有时为了实现这一目标,我们可能会设计不合适的教学内容,过度的教学可能会对学生的身心健康产生不良影响。这种做法是"健康第一"教育理念所严格禁止的。

除此之外,在丰富大学体育课程内容的过程中,"以人为本"的教学哲学也强调了体育教学内容需要与各类大学生的成长需求相匹配,因此在选择体育教学内容时,应考虑以下几个关键因素:

第一,我们要强调体育教学内容的吸引力,并在课程改革的过程中,唤起学生的学习热情。

第二,我们应该更加重视体育教学内容的健身属性,而不是过分强调竞技技能的提升,这样的教学内容可以更有效地服务于大学生的身体健康。

第三,我们需要高度重视体育教学内容的实用性,确保体育教学内容的实施不仅有助于学生的身体健康成长,还能为大学生的终身体育观念和体育技能的培育打下坚实的基础。

第四,我们应当重视体育教学内容的创新性。高等教育机构的体育教学内容也应与现代社会的发展趋势保持一致,应具备启示性和创新性,以促进大学生的创新思维和能力的培养。

第二节 "健康第一"教学理念

一、"健康第一"教学理念概述

(一)"健康第一"的理论依据

从世界范围来看,"健康第一"教学理念的提出是符合世界教育发展趋势和社会对人才的发展要求的。

1. 世界范围内对人类健康发展的重视

在人类文明的演变过程中,健康问题始终是一个受到广泛关注的议题。人类的健康状况是促进人类社会向前发展的关键因素之一。

自 20 世纪 50 年代以后,全球各国开始广泛地关注社会健康和大众健康。随着各国社会经济的逐步复苏和多方面的发展,各国和地区开始更加重视本国和地区居民的健康状况,大众健康问题也逐渐成为公众关注的焦点。与此同时,教育领域对学生健康的关注也逐渐成为国际体育教育发展的主流趋势。

在 1948 年,全球对公众健康问题给予了广泛的关注。世界卫生组织提出了一种新的现代健康观念。为了适应全球的发展方向,我国也开始重视社会大众的健康教育和学校体育教育,并提出了"健康第一"的教育和教学指导思想。

随着全球健康交流的不断增加,各个国家和地区都高度重视自己国家和地区的健康发展。社会对体育的功能和价值有了全新的认识。在教育领域,重视学生的健康发展已经成为各国和地区关注本国体育事业和教育事业发展的重点。体育健康教育不仅可以增强学生的体质健康,还可以通过学生群体影响周围的群众健康,使学生成为社会体育的入口,从而间接提高社会大众的健康水平,产生深远的影响。

2. 社会发展对人才健康发展的客观要求

随着科技和科学的持续发展,以及经济的飞速增长和社会生活节奏的不断加速,人们从事体力劳动的次数逐渐减少。长时间坐在桌前工作导致的"运动不足"和"肌肉饥饿"问题严重威胁了人们的身体健康状况。由社会压力引发的各类心理问题对人们的心理健康产生了严重的负面影响;随着社会的功利主义趋势,过度的利益竞争也给人们的社会进步带来了负面效应。许多健康难题正困扰着个体的成长以及整个社会的健康进步。

自 21 世纪初,"全民健身"和"学生体质健康"的议题逐渐成为我国民众日常生活的焦点,大众参与体育健身和体育健康教育已经变成了我国的关键策略和有力工具。

在当下以及未来的社会进步中,健康始终被视为影响个体和整个社会进步的核心议题。随着社会的迅猛增长和竞争的加剧,现代人不仅需要拥有正确的政治观念、深厚的科学知识和实践能力,还必须有健壮的身体素质。"身体健康构成了所有健康的基石"和"身体是革命的资本"。身体健康不仅是个体在生活、学习和工作中的基础,而且如果没有一个健康的身体,很难在社会劳动力竞争中取得优势。因此,社会竞争对劳动力的基本要求就是保持身体健康。如果想在这场竞争中保持不败的地位,首先必须具备一个健壮的身体。

教育的根本宗旨在于推动个体的全面健康成长,并培育出与社会进步相匹配的优秀人才,其中,对学生的身体健康教育被视为体育健康教育的首要任务。

(二)"健康第一"的教育特点

"健康第一"教育理念内涵丰富,其在体育教学实践中表现出以下特点。

1.强调身体健康是健康的基础

在"健康第一"的理念中,"健康"被定义为一个全方位的健康状态,它涵盖了身体、心理、社交和生殖等多个方面的健康,而健康的根基在于身体的健康状况。健壮的身体是衡量人类进步的关键指标。在教育领域,健康教育应当被优先考虑。

2.强调多元健康发展的素质教育

"健康第一"这一先进的教育观念在当前阶段被提出,它强调了体育教育应当注重学生的全面健康成长,并明确指出学校教育和教学的首要任务是推动学生的健康发展,相较于"卷面分数"和"升学率",学生的身心健康更为关键。

3.强调健康教育的全面性

第一,关于学生的身体健康教育,在"健康第一"的理念引导下,高等教育体育课程应始终关心学生的全面健康成长。通过体育教育,我们不仅要关心和推动学生的身体健康,还要促进他们在心理和社交方面的发展,为他们打下坚实的身体和心理基础。这样,当他们步入社会后,他们可以保持健康的身心状态,有效地应对生活、工作和再教育中的各种挑战。

第二,对学生进行心理健康的教导。随着现代社会竞争的不断加剧,社会生活中的每一个成员都需要具备良好的心理素质,这样才能正确处理和应对学习、生活、升学、就业、婚姻等过程中遇到的各种问题。目前,在我国的高等教育体系中,大量的大学生面临着学业、就业和日常生活中各种复杂问题的困扰,并普遍存在各种程度的心理健康问题。因此,重视学生的心理健康在教育中是至关重要的。体育活动在促进运动员心理健康的形成和成长方面起到了至关重要的作用。现代大学生由于压力过大,也容易受到不利因素的影响。因此,高等教育机构在体育教育中应特别关注大学生心理健康的全面发展,并通过各种体育教学活动来促进这一群体的心理健康。

第三,关于学生的社会性成长教育。体育作为一种特殊的教学方式,学校体育教育有助于学生社交能力的健康成长。因此,在教学过程中,应当有针对性地培养学生在人际交往、竞争和合作方面的能力。

因此,在开展高等教育体育教学活动的过程中,我们需要深度挖掘体育教育的内在价值,并在体育教学实践中全面实施"健康第一"的教育哲学,以确保学生在身体和心理上都能健康、全面地成长。

二、"健康第一"教学理念的体育教学指导

(一)树立体育教育新观念

"健康第一"的教育观念对我国体育教育产生了深远的影响,主要体现在教育的焦点和方向发生了转变。在新的时代背景下,为了真正实施这一理念,我们必须更新体育教育的理念,转变传统的竞技体育教育方式,并更加关心学生的身心健康成长。我们应当将教育的焦点从仅仅关注学生的外部技能转向追求学生的全方位、和谐地成长。

在这个新的时代背景下,我们必须持续推进高等教育体育教学的改革,并确保健康教育的实施。每位从事体育教育的人员都应确立正确的体育观念,培育出坚韧的意志,并不断地完善自己的性格特点。综合来看,现代科学的体育教育应当从过去主要关注"增强体质"的教学理念,转向更加注重"健康至上"的现代教育观点和发展理念。

在当前社会发展的背景下,对人才的期望是全方位的。一个合格的社会人才应当是在身体、心理和社交各方面都健康成长的人,这三者缺一不可。

(二)明确体育健康教学目标

在目前的体育教育和教学实践中,"育人"被视为学校体育教学的核心目标。技术教育和体制教育不应仅仅被视为学校体育实践的焦点。"健康第一"的教育哲学为我国高等教育体育目标的多元化和多层次构建提出了新的挑战和要求。详细内容如下描述:

第一,高等教育机构在体育教育中应当注重加强对学生体育文化知识的教授,以提升他们的体育文化修养。

第二,高等教育机构在体育教育中应深度整合健康、卫生、保健和美育等多方面的教育内容,通过全方位的体育教育来培养学生的体育意识和休闲娱乐习惯,使他们远离任何可能对身体健康产生不良影响的因素和事件。

第三,高等教育机构在进行体育教育时,应与学生的成长和日常生活紧密结合,进行健康教育,帮助学生掌握自我保护的技巧,并预防疾病的发生。

第四,高等教育机构在体育教育中应当高度重视大学生的青春期和心理健康教育,将其视为健康教育的核心部分,并为学生在特定阶段的健康发展提供科学的建议。

(三)完善体育教学课程体系

为了推动体育教学的进一步发展,深化体育教学课程体系的改革显得尤为关键和高效。在新的时代背景下,为了真正实施"健康第一"的体育教学哲学,我们必须在体育教学课程体系的建设上持续努力,不断地丰富其内容,以更好地满足大学生多样化和个性化的体育健康成长需求。

受到"健康第一"教育观念的深刻影响,我国高等教育体育课程的现状经历了显著的变革。这包括体育课程内容的扩充、教学手段的持续创新、学校体育活动与课外活动的有机融合,以及体育选修课更加注重满足大学生的学习兴趣和需求。此外,针对不同专业的学生,体育课程和内容设计也更加突出了其专业特色。

在当前阶段,我们需要持续贯彻"健康第一"的教学哲学,努力构建一个更为完善的体育教学课程体系,并持续致力于以下几项重要工作:

第一,在大学的体育教育过程中,我们必须始终把学生放在中心位置,确保学生的身体和心理健康始终是最重要的,所有的教学活动都应致力于推动学生的全面健康成长。

第二,我们需要对体育教学内容进行适当的调整,深入了解学生的个性和需求,科学地选择体育教学大纲中规定的教学内容,并根据学校的实际教学状况和学生的实际情况调整不合适的教学内容,确保体育教学内容能够更有效地从理论应用到实际教学活动中。

第三,我们需要丰富体育的教学材料。为了吸引大学生对体育的兴趣和参与,我们提供了丰富的体育教学材料,以满足他们在体育学习上的多样化需求。

第四,我们强调根据当地的气候、资源和学校的独特教学特色来设计有特色的体育教学课程,并致力于研发更能体现学校学生健康成长的健康评估内容和标准。

第五,我们应当高度重视将大学生的课内体育教育与课外体育活动紧密结合,强化体育课程对学生的教育价值,激发学生对体育的热情,并帮助他们培养出科学的作息和健身习惯,使他们在课余时间也能坚持科学的健身方式,维持一个健康的生活习惯。

(四)重视体育教学方法优化

体育教学效果的成功与否在很大程度上取决于体育教学方法的选

择。在高等教育体育课程中,教师有多种教学策略可供选择,每种策略都有其独特之处。一个体育教学内容可以通过多种方式呈现给学生,体育教师需要确定哪种方法最为合适,这样可以进一步优化教学方法的应用,从而提高体育教学的整体效果。我们应当高度重视体育教学方法的优化,并期望体育教师拥有出色的体育教学技能,能够科学地选择和有效地运用各种教学策略。

（五）教学评价体系的完善

在"健康第一"的观念驱使下,体育教学的评估应以学生的身体健康和心理成长为核心指标,进一步完善体育教学的评价机制。

在"健康为先"的教育观念引导下,高等教育体育教学评估体系的科学构建和完善需要满足以下具体标准:

第一,在对学生进行全方位的评估时,我们需要强调对教学成果的多维度量化分析,并融合定性与定量的评价方法,这样可以增强评估的科学性,帮助学生更深入地了解自己的短板并激发他们的学习热情。

第二,在对学生进行全方位的评估时,我们需要确保评价的内容、指标和方法都是全面的,并努力邀请各种不同的评价主体参与评估。

第三,体育教学不只是对学生进行全方位的评估,也同样重视对教师在教学过程中的评价。

第三节 "终身体育"教学理念

一、"终身体育"教学理念概述

"终身体育"的教育观念的诞生,是人类和社会进步的必然结果。终身体育涵盖了两大核心内容:首先是终身教育,它贯穿了一个人的整个生命周期,从出生到生命的终结。在人的一生中,都应该培养参与体育锻炼的好习惯,因为体育是我们日常生活中不可或缺的一部分;其次,终身体育是一种科学的体育教育方式,在人的生命中的各个时期,都存在正确的价值观来引导和鼓励个体参与体育活动,通过参与体育活动来促进身体的健康成长,从而获得终身的益处。

为了更深入地理解终身体育,我们可以从以下几个角度进行探讨:

第一,从时间的角度看,它伴随着一个人的整个生命。

第二,在内容上,项目种类繁多,具有很高的选择性。

第三,从人员的角度看,我们面向的是社会的每一个公民。

第四,在教育领域,目标是提升全体公民的身体健康状况。

学校中"终身体育"的教学理念的确立和塑造,能够有力地推动我国体育教育的进步,这是每一个运动项目在体育教学中都应当秉持的正确的教育理念和观点。

为了确保终身体育教育的理念在高等教育机构中得到真正地实施,教师在推进"终身体育"教育观念的实践中扮演着至关重要的角色。研究表明,在学生参与体育活动的过程中,许多学生受到了教师,尤其是教师专业能力的直接影响。因此,教师在教学活动和课堂之外都应鼓励学生积极地参与体育锻炼。

在进行体育课堂的教学活动时,教育者应当重视培养学生的终身体育观念和技能,而不是仅仅集中于技术和技能的传授。

在体育课堂之外,教师有权组织学生参与各类体育活动和体育游戏。对于高等教育机构中大学生体育俱乐部的活动,教师应当给予鼓励,并提供相应的指导意见和建议。

(一)"终身体育"的思想特征

1.体育锻炼时间的终身性

"终身体育"代表了一种前沿的教育观念,其最显著的特点是能够为个体带来终身的益处。

从教育对个体的影响角度出发,"终身体育"打破了传统学校体育教育中对学习和技能掌握的过度重视,它打破了传统体育教学仅在学生在校期间接受体育教育的局限,而是将体育教育的时间范围扩大,覆盖了一个人的整个生命周期。

"终身体育"教育的核心思想是,体育教学应当遵循学生的生长和心理健康发展的自然规律,同时也要注重健身的持续性。教育的重点是激发学生对体育的热情和兴趣,培养他们的锻炼习惯和能力,并强调体育活动可以带来终身的益处。

2.体育锻炼群体的全民性

"终身体育"的目标群体是所有参与终身体育的人,每个社会成员都应该积极参与其中。"终身体育"是面向所有社会成员的,从学生在学校体育教学中逐步培养体育锻炼意识,到进入社会后能够持续参与体育锻炼,为将来的整个人生参与体育锻炼奠定坚实的基础。因此,终身体育教育不仅仅是针对在校学生的,它应该面向全体公民,确保每个人都能积极、主动地参与其中。

"终身体育"教育理念从一种体育发展观念转变为一种体育教育观念,其教育目标是面向全人类社会的所有成员,这种"终身体育"教育不只是针对学生,也同样适用于广大的社会大众。

体育教育被视为一个长期的系统性项目,其中生存和健康是社会及时代进步的核心,健康构成了人们生活的基石,而体育健身与日常生活是紧密相连的。因此,不论一个人的年纪或社会地位如何转变,他们都应被视为"终身体育"教育的目标群体。

3.体育锻炼目的的实效性

"终身体育"的核心理念是为了满足个人成长和社会进步的需求。因此,在参与终身体育活动时,必须根据具体情况和个体差异来制定策略。每个人都应根据自己的实际情况来选择合适的锻炼内容、方法和方式,并确保这些都能融入他们的日常生活、学习和工作中。

在当今的社会生活背景下,为了提升个人的生活水平,人们会根据自己的实际情况,选择最适合自己的体育活动方式,确保这些方式既有针对性又具有实际效果。

在大学的体育教育过程中,体育教学的内容选择和方法应用都应该致力于提升学生的体育知识和技能,不断加强学生的终身体育意识和能力,这样,大学生在毕业后进入社会时,也能持续参与体育健身锻炼。

(二)"终身体育"与体育教育

1.终身体育与学校体育的相同点

(1)共同的体育目标—育人

体育不仅是终身体育活动的一部分,也是体育教育活动的一部分,其终极目标在于实现体育参与者在体育、智力培养、道德教育和审美教育等多个方面的综合教育价值,以更有效地推动他们的全面健康发展。

一个健康的身体是维持其他健康状态的基础。因此,学校的体育教育旨在培育学生的终身体育观念和技能,为他们未来的健康生活打下坚实的健康基石,从而更好地体现个人和社会的价值。

(2)共同的体育手段—健身

无论是终身体育活动的参与还是体育教育,都是通过参与体育运动和健身活动来实现体育教育的价值。最终,个体的行为也都体现在体育健身活动上。终身体育强调个体应该培养终身参与体育锻炼的习惯,并在人生的每个阶段都积极参与体育健身锻炼。在体育教育中,学生的身体锻炼被视为核心的教学方法,它通过各种身体活动来推动学生在身体、心理和社交方面的全方位成长。

(3)共同的体育任务—掌握体育知识,提高运动能力

一个人的终身体育健康依赖于科学的体育知识指导和体育健身实践活动的参与。同时,掌握体育知识和技能也是高等教育体育教学的核心任务。只有深入理解这两个方面的内容,我们才能更加科学地进行体育健身实践,并通过实际参与体育活动来促进运动员的全面身心健康发展。

2.终身体育与学校体育的区别

(1)体育参与时限不同

终身体育贯穿人的一生,学校体育只负责学生在校期间的体育教育。

(2)体育教育对象不同

终身体育以全社会所有成员为教育对象,学校体育以在校学生为教

育对象。

二、"终身体育"教学理念的体育教学指导

（一）转变传统体育教学思想

在"终身体育"教学理念的指导下,高等教育体育课程应在教学内容、教学方法和评价机制等多个方面,以培养和提升学生的体育终身意识和能力为核心目标。通过与学生的日常生活、学习和工作有更紧密联系的体育项目教学,我们应致力于培养学生的运动习惯,而不仅仅是关注他们对运动技能的掌握程度。

在高等教育机构的体育教学过程中,教师需要将体育教学达标的制定从仅仅关注技能指标的思维模式中解放出来,更加关注学生的体育价值观、态度、意识和行为习惯。只有这样,我们才能更有针对性地进行体育教学,从而真正实现终身体育教育的目标。

"终身体育"的教育观念不仅是高等教育体育教学改革的核心导向,也构成了高等教育体育教学发展的基础。

（二）重视学生终身体育意识的培养

为了实现个体在体育活动中的参与,我们必须基于对"终身体育"教育观念的深入理解。这种"终身体育"的观念是推动大学生积极参与体育学习和体育活动的关键内部动力。

在这个快节奏的社会中,每个人都可能承受各种生理和心理的压力。为了过上高品质的生活,我们必须确保身心的健康成长。体育活动可以帮助运动员保持最佳的身心状态,而终身体育对学生的身心发展起到了关键的推动作用。体育锻炼是一个释放身心压力、重塑身心健康的过程,对于运动员来说,保持健康的身心状态以应对生活、学习和工作中的各种挑战是至关重要的,这不仅可以提高他们的生活品质,还能提高学习和工作的效率。

参与终身体育活动对于个体的社交发展起到了关键的推动作用。大学生如果持续进行体育锻炼,不仅可以增强其身体和心理的适应性,而且在毕业后进入社会时,他们能够更好地融入社会,并增强自己的抗压

能力。

在现代大学的体育教育实践中,为了培育学生对终身体育的认识,教育者需要承担以下的教育指导职责:

第一,要指导学生确立正确的体育观念。

第二,要树立正确的体育学习观念。

第三,我们应该将素质、技能、知识和能力这些教育元素融入终身体育的教育过程中。

第四,我们应该通过体育教育来丰富学生的体育知识和技能,从而增强他们的终身参与体育活动的能力,并为他们的终身体育锻炼打下坚实的基础。

(三)丰富终身体育教学内容的设置

由于学生之间存在显著的个体差异,这导致了他们对体育的兴趣、所选择的体育项目以及所追求的体育知识和技能(水平)各不相同。因此,在高等教育体育课程中,我们不应仅仅关注学生的某一特定技能或技能的熟练度,而应更多地考虑到不同学生的体育发展需求,努力丰富课程内容,确保体育教学的内容和层次都是多元化的。

在"终身体育"这一教学理念的引导下,体育教学需要内容更为丰富,以下是具体的教学要求:

第一,我们需要进一步扩展和深化学校体育的课堂教学,确保学校体育教育向终身体育的方向发展。

第二,在制定不同教学内容的课程目标时,应基于对学生当前状况的深入了解和分析,并以高等教育体育课程的终身体育教学目标为指导,来组织体育教学活动。

第三,当选择高等教育体育课程内容时,我们应当注重引入休闲和时尚的体育项目,并组织能够激发学生对体育的热情和潜在能力的活动。

(四)关注学生需求与社会需求的统一

"终身体育"的核心目标是为学生塑造一个健康的生活观念和方式,对每一个人而言,身体的健康状况都是他们适应现代社会、工作和成长的关键要素。

在高等教育机构中,终身体育教育的核心理念是在培育与社会进步相匹配的合格人才的同时,推动学生的个性化成长,确保学生在社会和个人价值上都能得到均衡的发展。

为了确保高校终身体育教育能够满足学生和社会的统一需求,我们需要完成以下几项关键任务:

第一,我们需要将国家的需求、社会的需求和学生的个体需求紧密结合起来。

第二,我们需要明确学生与社会在需求上的相互位置。如何确保学校体育的发展与社会的需求相匹配,这是一个至关重要的议题。

第三,我们应当高度重视体育教育在健身和人文方面的价值,同时也要注重体育知识、技能和习惯的综合培养。

第四,以学生为中心进行体育教育,确保充分满足他们的学术和成长需求。

第五,为了满足社会对人才在体质、体能、知识、精神和道德方面的发展需求,我们需要全方位地提升大学生的体育修养。

"终身体育"教育建立在四大基石上,分别是"学习认知、学习实践、掌握生活技能、掌握生存技能",但在此过程中,我们必须深入思考"终身体育"与"人本主义"和"健康至上"的紧密融合。

第四章 高校体育教学模式的研究

第一节 "双向主体能动式"教学模式

一、"双向主体能动式"教学模式的结构模式

（一）指导思想

在主体教育理论的指导下，通过教师的科学引导启发学生的主动探索，学生能动学习，自主发挥积极性和创造性，以相互交流、自我体验尝试培养体育能力，教师发挥引导、辅助、激发、鼓励的指导思想。

（二）教学目的

"双向主体能动式"教学模式以培养学生能动思维能力掌握运动规律的发展为目的，发挥学生的主观能动性并积极体验尝试，增强参与体育运动的自信心，克服心理因素影响，在相互学习中集体意识，建立和培养社会交往能力。

（三）教学方式

教学过程中"双向主体能动式"的主要因素是教师、课程和学生，三个因素各有作用。教师作为教学的主体，学生和课程就是在主体教师进行的教学活动中的客体内容；而学生作为主体在教学过程中，教师和课程就是学生学习活动的统一客体；课程作为教学活动的主体，教师和学生为主体的教学活动中，课程作为其中的衔接客体，起着重要的作用。教学中学生和教师的主体地位的变化，学生之间的个体、群体相互交流指导，使教学活动处于一个活动的状态。

这种教学模式的主要特点是双向性、参与性、能动性，以教学活动中

的学生与教师的双向能动交流,充分调动教学与学习双方的积极性和能动性,良好的教学环境能使课堂氛围变得活跃,从而激发学生潜意识的能量发挥、能动创意,实现教学过程中的双赢。教师作为教学活动中的组织者和设计者,应该选择适合的时候和学生进行沟通和互动,从而形成良好的师生关系。在一定的情况下,这种交往中的学生与教师两个主体之间应该形成一种互相交往的关系教师不仅要从学生的角度看待问题,并且感受学生的心理活动,在等同的位置和角度与学生一同设计问题,寻找解答,进而分析讨论,产生不同的观点,从而对学生进行引导启发。在这样的教学环境中,学生充分感受自己的主体地位和被集体的认同感教师对学生成绩的正确评测以及中肯的评价,鼓励学生积极学习,加深学生与教师之间的关系,让学生更加愿意展现自己的真实想法,积极主动地参与集体教学活动。在实践教学中,传统教学模式下的体育课全程都由教师作为主体,从准备活动到课堂练习直到结束,教师一直独自示范带领,学生只是被动地接受,两个主体完全没有互动,因此教学效果往往不理想。但是在采用"双主体能动式"教学模式体育课的某些环节,教师可以提出各种设想,让学习的主体不再仅仅是学生,同时教学的主体也不单单只是教师,两者互为主体。学生在引领的过程中增进了沟通、教学和组织创新的多种技能,而被带领的学生和老师不仅可以学习到基础的体育知识,还可以指引学生吸取经验,弥补不足。

这种教学模式能让学生进行角色转换,让每个学生在这样的教学活动中正确规划自己,尽情地展示自我,充分认识教学过程,理解教师的工作,在学习中提升自己各方面的素质,体验自我实现的价值。同时,教师通过学生的表现,深入了解学生的学习和各方面的能力,准确地对教学进行反馈,为提高教学效果奠定基础。因此,运用角色互换的教学方式,在教学过程中充分体现出学生与教师"双主体"的作用。

1. 小组合作学习

分组练习是以小组和班级相结合的教学方式。在班级授课的基础上,以分组练习运动技能的形式,充分体现整体性与个体性的辩证统一。

在分组合作练习中,教师的主导性地位降低,学生的主体作用提升分组练习为学生创造了一个自由学习的环境,同时有利于学生与教师之间沟通,同学之间合作交流,形成了一种交往模式。学生在集体中感受到了与人合作的成就感,建立起相互的信任,也培养了学生的社会交往能力在教师的引导下小组成员相互帮助,更好地完成老师布置的课上教学任务。

2.能动式教学

在教学中的问题不是以直接的方式回答,而是以引导启发的形式,让学生能动思考问题,不是马上通过教师获得答案。同时教师可以对学生进行启发式的提问,学生也可以提问老师,通过主体双方共同思考探索问题的本质。"双向主体能动式"的教学模式就是在整个教学过程中教师和学生以启发式的教学方式进行沟通教师在教学过程中设疑、提问学生的方式,与学生探讨、交流问题不以教师的主观性来评定答案,而是以引导的形式进行,强调在启发的过程中使学生认识事物的本质对于学生的回答适时给予鼓励,以提升学生理解思维能力和自我判断能力。

3.多媒体教学

在双向主体能动教学过程中,教师可根据课的情况适时安排在理论课上播放一些相关的专业体育运动视频资料,同时加以引导性的讲解,使学生感知体育运动的真实性,能在练习中加以模仿。这种观摩欣赏,在一定程度上对体育教学也是一种调剂,学生的热情和积极很容易被调动起来,从而更好地完成教学任务。在视频教学课中并非单纯播放运动视频,需要教师的引导和组织这也要求教师在备课时积极准备首先教师查阅收集相关的资料和视频,同时课上还需要教师准确讲解,让学生在看的同时能理解运动的本质,使自己掌握正确的动作要领这样能使学生掌握更多的知识量,对发展学生思维以及提高学习动机提供帮助。

二、"双向主体能动式"教学模式对教学效率的比较分析

(一)双向主体能动式教学模式对学生动作技能掌握影响的分析

研究结果证明,"双向主体能动式"教学模式与传统教学模式相比,在

运动技能提高方面效果较明显。动作技能的学习与掌握,是从低到高的一种感知与生理系统相互协调的发展关系,要达到最终协调与熟练过程,需要一个反复练习动作定型的运动过程。在学习动作技能的开始阶段,教师的动作分析、讲解和示范,对于学生来说掌握的只是动作初级的感知过程,表现出来的是动作的不规范、身体的不协调、生理的反应慢、多余的动作增加,对于完成动作情况的认知还是很模糊。而"双向主体能动式"教学模式的体育教学是以双向主体形式学生自己本身就是教学的主体,既是教、又是学,每个人的位置在变化,是教学的讲解示范者、评价者或被评价者,是教学的学习者。学生在学习过程中体会实践,在评价与被评价中发现问题,纠正错误动作在实践中积累经验,不断地熟练完善,这需要一个评价信息反馈的过程。有时学生在学习动作时往往感受不到问题存在,分组练习时同伴之间的交流和互动,使之能感知到问题的存在。

从运动学规律来说,体育运动中的迁移是在教学中普遍存在的现象,受各种各样的外在和内在的生理和心理的影响。在传统的教学模式中学生感知的是技术动作的表面现象,教师怎么教就怎么学,而并没有理解动作的原理。"双向主体能动式"教学中教师与学生之间、学生与学生之间的交流和互评产生了信息的反馈,学生能够去思考加上教师的启发,学生能够正确地理解动作要领,从而达到一个完善过程。另外在分组教学中学生在集体中感受到一种团队的荣誉,更加积极地参与其中,好的效果自然出现了。

(二)双向动式教学模式对学生学习动机的影响

研究证明,"双向主体能动式"教学模式比传统教学模式更有利于激发学生的学习动机。

第一,在教育理念上教学是一个育人的过程,要达到教与学并重的关系,就不是单纯教学的关系,而是与学生在平等的基础上相互交流,以学生为主体建立双向关系。教师是学生的引导者,教学主题的激发者、能源的开发者、创造思维的启动者,这些在"双向主体能动式"教学模式的双向、主体、能动中体现。双向指教师与学生的相互交流,位置的变化使学生心理产生了一种反应,被动变为了主动,交流也打开了学生的内心世界,使教师能够很好地掌握学生的学习动机;主体使学生成为教学的引领、组织、评价者,学生的动因被启动,因为是参与者就会主动地学和思考问题,兴趣自然高了。能动是在主动积极参与下,教师的启发下积极发挥自身的创造思维能力,去理解技术动作的原理通过感知主动的实践过程,学生在实践经验的积累下不断地完善技术动作,从而获得成功的成就感和心理的满足感。

第二,"双向主体能动式"教学模式在评价方面不是以最终教学考核和教师的主观来评价结果,而是以多个方面评价学生学习的效果,包括学生个体自主完成学习情况的评价、集体学习评价情况、自我评价情况、教师评价情况相结合的形式。因不是一方面的主观评价,对于那些运动能力差的同学来说,通过自身的努力和教师、同学的激励,也可以得到好的评价,并非以运动成绩来考核,其心理的承受能力得到加强。这种客观的评价将学生的各方面的积极性调动起来,营造了一个轻松活跃的教学环境和氛围,激发了学生的兴趣。

（三）双向主体能动式教学模式对学生主观锻炼体验的影响

"双向主体能动式"教学模式对学生锻炼的影响,运动技能成绩不是主要的,重要的是积极的学习态度。在双向主体的作用下,学生在与同学的交流,与教师的交流、讨论、互助的过程中,克服心理上弱势障碍,在鼓励和互动的形势下提升了自信心,敢于去体验尝试,从而激发的探索精神。正因为有了实践的体验,才会去感知体会动作的要领,这也是在教师的引导下,学生自我探索、自控和互助练习中培养的主观锻炼体验。

第二节　分层教学模式

一、分层教学模式的结构分析

（一）分层教学模式的内涵

所谓分层教学,是指由于受遗传、家庭及社会环境等因素的影响,个人在发展过程中存在着不同的生理、心理及个体差异。根据学生的认知能力、学习能力和掌握能力,教师在安排课堂教学内容、教学方法、教学手段上要符合学生实际学习的可能性,有针对性地设计和进行学习指导、检验、评价,从而使每一个学生都能在原有基础上得到完善与提高。

体育分层教学是指在承认学生有差异的前提下,教育者根据学生的个体差异、兴趣爱好、身体素质、运动技能等因素基本相同的情况进行组合,划分不同层次,确定基本相同的学习目标,有针对性地进行体育教学,并制定不同的评价标准的一种教学模式。

正确理解分层教学的内涵,应注意以下几点:

①分层教学的着眼点是为了学生的发展。②分层教学的对象是全体学生。素质教育的精髓是面向全体学生,使每一个学生都能全面地、主动地、和谐地发展。分层绝不意味着对某一部分学生,特别是后进生的放弃。③实施分层教学应当考虑的要素。作为一节特定的课堂教学来说,它至少包括了学生、教师、教材和教学媒体四个要素四个要素互相联系,互相作用,形成一个有机联系的整体。实施分层教学,应基于对四个要素的科学分析。[①]

(二)分层教学模式的理论原则

1.区别对待原则

学生的差异是客观存在的。因此,在体育教学的过程中应充分考虑学生的个体差异,因材施教,区别对待。教师要利用学生的特质促进优势的发展,做到学有专长,使不同组别层次的学生都能学好。而且与组之间不是固定不变的,低层次组的学生通过努力学习达到高层次水平时可调到高层次组学习;而高层次组的学生学习时感到很吃力、压力太大而跟不上进度时可换到低层次组去学习,同时鼓励学生之间相互帮助、共同进步,达到提高教学质量的目的。

2.目标导向原则

应把建立正确的分层观念作为实施分层教学的首要内容,务必使学

① 何秋鸿.“分层教学”理论指导下高校体育教育教学改革研究与实践[D].成都:成都体育学院,2013.

生认识到分层是为了全体学生全面发展的需要,是因材施教的手段、素质教育的召唤,而不是给学生划分等级的依据。教师只有通过分层教学,才能根据学生个体的差异情况提供不同的教学方法,才能有助于各类学生共同得到发展,从而摆脱传统教育只注重少数尖子生而忽视多数学生的落后观念的束缚,真正使每个学生都获得平等的教育机会。只有使每个学生都认识到分层教学的真正目的,才能获得学生们的积极支持和主动参与,分层教学才能取得成功。

3.联系实际原则

联系实际是落实教育方针和实施素质教育的需要,是体育课自身发展的需要,是建立学生正确的体育科学价值观的需要。在教学中要引导学生从实际出发,着眼于运用让学生的间接经验和直接经验相结合,运用到生活实际当中,优化学习培养学生的体育素质。

(三)分层教学模式的主要分类

1.班内分层目标教学模式

班内分层目标教学模式保留行政班,但在教学中,从好、中、差各类学生的实际出发,确定不同层次的目标,进行不同层次的教学和辅导,并制不同的检验标准进行检验,使各类学生得到充分发展。具体做法为:①了解差异,分类建组;②针对差异,分类目标;③面向全体,因材施教;④阶段考查,分类考核;⑤发展性评价,不断提高。

2.能力目标分层监测模式

知识与能力的分层教学是根据学生自身的条件,先选择相应的学习层次,然后根据努力的情况和后学习的现状,再在学期末进行层次调整。

3.分层走班模式

按照学生的知识和能力水平,分成三或四个层次,组成新的教学班级(称之为 A、B、C 教学班)。"走班"并不打破原有的行政班,只是在学习这些课程时,按各自的程度到不同的班去上课。它的特点是教师根据不同层次的学生重新组织教学内容,确定与其基础相适应又可以达到的教学目标,从而降低"学困生"的学习难度,又满足"学优生"扩大知识面的需求。

4.定向培养目标分层模式

这种模式多限于职业教育,指按照学生的毕业去向进行分班分层教学。具体做法是:首先在入学时对学生进行摸底与调查,既了解学生的知识能力水平,又了解学生对就业与升学的选择,在尊重学生和家长意见的同时,也反馈学生自身的学业情况,进行正确定位。再以学生的基础和发展为依据,分成两层(即升学班与就业班)。两个班安排同样的教材、同样的教学进度,只是教学的目标和知识的难度不同,升学进一步强化文化课与主要专业课,而就业班则以职业技能训练为主。

5.课堂教学的"分层互动"模式

"分层互动"的教学模式,实际上是一种课堂教学的策略。这里的"分层"是一种隐性的分层首先,教师通过调查和测试,掌握班级内每个学生的知识水平、特长爱好、学习状况,将学生按照心理特点分组,形成一个个学习群体。其次,利用小组合作学习和成员之间的互帮、互学形式,充分发挥师生之间、学生之间的激励与互动,为每个学生创造整体发展的机会,并利用学生层次的差异性与合作意识,形成有利于每个成员协调发展的集体力量。

分层主要依据学生个体差异、身体素质、运动技能、兴趣爱好和教师意见等。分层管理一般实行弹性机制分层不是固定的,每学期或每学年要进行调整层次变化的主要依据是学生的学习情况,如进步显著就可以上调,学习吃力则可以下调。

二、分层教学模式在高校体育教学中的实践研究

(一)分层教学目标的制定

在制定分层教学目标时,应该考虑到总体目标教师根据同一个班学生体质的差异性以及运动能力的高低,因材施教针对不同层次的学生来设计相应的教学内容、教学方法、教学要求等。

分层教学能否顺利进行与开展,达到体育教学目标,重要的是在课堂

中对练习的设计。因此,在体育教学中要结合教材的内容和各层次学生实际情况出发,设计出不同层次的教学目标、教学方法和教学内容。根据因人而异、因材施教的原则,可将教学目标划分为三个层次:高级层——对大纲教学内容有所提高,进一步拓宽视野,对运动技术内涵的加深与理解,努力提高运动技术水平,能深刻理解运动技术,动作标准、正确、连贯、协调,促使不断提高身体素质,培养其能力;中级层——掌握教学大纲所要求的基本内容,掌握基本理论知识;初级层——初步掌握所学的运动技术,能理解动作要领。

除此之外,进行分组练习时要注意女生身体素质不如男生,所要求的难度与运动量都应根据其身体素质减量,同时体育教师讲授课之后,不要无所事事,应该主动到练习场地,纠正与帮助学生改正错误的技术动作。这样,各层次之间都有相应的教学内容和方法,各层次的学生都能从中学到知识充分调动学生积极性与主观能动性,从真正意义上使学生感受到体育带给他们的快乐。

教学方法就是教师组织课堂教学活动的方法。教学目标的实现,是要依靠一定的教学方法的。问题是如何在分层教学中针对学生的身体差异、个性特征及认知的程度不同,运用不同的教学方法,制定出科学合理的教学目标,以此来进行教学。体育分层的运用具体如下。

第一,体育教师要认真进行教学研究,认真进行"三备"。"三备"即备教材、备内容、备学生。针对不同的学生,确定不同的教学内容,采用灵活多变的、行之有效的教学方式。

第二,体育教师在教学中运用教学手段。体育教师在传授运动技能的过程中,由于学生对运动技术的理解存在着一定的差异性,因此在传授运动技术要了解各层次学生掌握运动技术水平的情况,针对情况采用不同的教学方法、内容和手段。

第三,体育教师要激发学生的竞争意识及团队合作精神。在体育分层教学过程中,根据各层次之间的学生生理、心理、思想意识等因素,通过教学比赛手段培养学生的意志品质,激发学生的竞争意识、团结意识和拼搏进取的精神,提高其对教学环境的适应能力和自我心理控制的能力。

第四,解决对学生的学法指导与帮助。先天身体素质、运动能力基础差的学生,应以模仿为主,主要模仿体育教师与基础好的学生的技术动作通过模仿、教师指导、课后咨询基础好的学生,从而达到自己的学习目标。而学习基础好的同学,要向教师了解更深层次的知识、了解难度较大的运动技术课后自己通过查询相关影像与资料,学习并创新知识,进行纵向与横向的联系分析,形成网络知识结构,从深度与广度上进行拓展。

第五,要及时处理教学信息的反馈。在体育教学中,教师通过课堂的询问,以及平时对学生的理论知识与运动技术的测验,了解学生近期的学习状况根据这些情况,要及时调整教学内容,有针对性地进行教学,特别要对基础差的同学进行知识的缺陷补漏与技术动作。

(二)分层教学模式的运作程序

分层教学模式的运作程序是指教学活动在时间上展开的逻辑步骤以及每个步骤的主要做法等。任何教学模式都具有一套独特的操作程序和步骤。例如,杜威实用主义教学模式的程序是:情境—问题—假设—解决—验证。由于在教学过程中,既有教材内容的展开顺序、教学方法交替运用的顺序,又有内在复杂的心理活动顺序,因此人们通常从不同侧面提出教学活动的基本阶段和逻辑顺序。

(三)分层教学模式的评价

分层教学评价与正常的教学评价有所不同,为了使所有学生都能达到一定的教学目标,在教学评价时要考虑到各层学生的学习情况。为了鼓励与加强学生在平时课堂上的学习与练习,就不以期末的理论考核与技术动作评定为最终考核结果,要以平时考核与期末最终考核来评定每个学生的成绩,同时各层学生在不同程度上的进步与提高相结合的原则为标准。

为此,采用新的考核标准,力求体现出分层教学的特色,对各层学生的考核标准给予不同的要求来评定,做到有针对性、合理评价不同层次的学生学习与进步。这样,让各层次的学生都能切身体会到经过自己的努力而取得的成绩,获得成绩的同时也感受到体育所带来的乐趣与喜悦,体会到成功的价值使学生明白只有通过体育锻炼才能有健康的体魄。加强体育锻炼,可以促进学生身心健康、增强信心、磨炼意志品质、人际交往等。

对分层教学模式的评价,应注意以下三个方面。

第一,评价的基本原则。其中具体包括:①教育评价目的性原则;②教育评价客观性原则;③教育评价的全面性原则;④教育评价的诊断性原则;⑤教育评价的连续性原则;⑥教育评价的法治性原则。

第二,评价的目标因素。其中具体包括:①知识目标因素,包括知识和理解两个方面的内容,知识的评价目标是指在所学内容的范围内,正确地记忆、掌握和再认的能力;②技能目标因素,它是由智力技能和运动技能构成的;③能力目标因素,通常包括注意能力、记忆能力、观察能力、想象能力、特殊能力、思考能力、判断能力、评价能力、鉴赏能力和表现能力;④情谊目标因素,指兴趣、爱好、习惯、态度等内容。

第三,评价的方法。其中具体包括:①将评价贯穿于日常的教育教学行为,使评价实施日常化、通俗化。评价方式可包括教师对学生的评价、学生对学生的评价、自我评价②转变评价观念,体现育人为主的教育理念。要建立发展性课程评价体系,淡化评价的选拔功能,强调发展与激励的功能;淡化对结果的评价,关注对过程的评价;改变评价内容过于注重学业成绩的倾向,重视综合素质、全面发展的评价;改变单一的评价方式,体现评价方式的多元化。

对分层次教学的评价,首先应注重对学生的全面评价,引导学生健康全面发展。应从认知和非认知两个方面着手。认知方面包括基础知识的掌握、理解和应用;非认知方面的评价内容可包括学习方法、学习习惯、学习兴趣、学习动机、创造能力、探究能力、学习信心、问题意识、上课时的心情、关心他人程度、课堂参与程度、学习负担等。其次重视过程评价,这是现代教育评价的一个特点。评价学生时,不仅要关注结果,更要注重学生成长与发展的过程,有机地将终结性评价与形成性评价结合起来,给予多次评价机会,促进学生的转变与发展。

第三节　合作教学模式

一、合作教学概述

(一)体育合作教学的含义

合作教学是 20 世纪初创立,20 世纪中叶在美国发展起来的一种教学理念。合作教学的研究者从社会学、哲学、教育学和心理学等各个角度研究学习者学习活动中各种因素的作用,从而提出在教学活动中要进行合作教学的理论。在此基础上归纳总结出合作教学的定义,即以合作教学小组为基本形式,系统利用教学动态因素之间的互动,促进学生的学习,以团体成绩为评价标准,共同达成教学目标的教学活动。

具体来讲,合作教学具备三个方面的基本特征:第一,合作教学要以合作教学小组为基本形式,只有通过小组方式才能形成紧密结合的一种学习方式;第二,要利用小组间的互动关于教学内容等因素的讨论,在互动交流中发展学生的推理能力,合作意识以及解决问题、人际沟通的各种能力;第三,这种教学模式要以整个小组即团队的成绩为评价的标准,其能够有效促进团队成员间的相互合作,改变个人独立学习的学习态度。

(二)高校体育教学中合作学习的意义

1.合作教学能充分体现学生的主体性

传统教学模式下,职业学校的体育教学主要以教师的"教"为中心,学生只是一味地去"听",而合作教学的教学模式改变了这种单一方向的教学形式,将其转变为互动式的教学形式,充分体现出了学生的学习主体性特征。合作教学能够给予学生学习的自由空间,更能够在合理分组的基础上促进学生间的沟通与交流。在体育合作教学的模式中,学生利用团队的合作精神能够很好地建立相互间的信任,充分表达自我的观点,锻炼思维能力,真正实践以学生为主体的教学思想。

2.合作教学能促进学生身心的全面发展

体育本身就有促进学生身心健康发展的作用,但是要想真正发挥出这种作用,还要求学生能够进行合作学习。合作教学的教学模式通过小组的合作,加强了人际交往,能够促进学生在情感上、认知上以及身体上的全面发展将学生的个体差异融入一个小的集体中,在共同探索和学习讨论中改变着每个人的社会认知。同时,良好的身体素质以及融洽的人际沟通能够使学生减轻体育学习的压力,产生更大的学习兴趣,保持心理健康。

3.合作教学能够培养学生的团队精神,调动学习主动性

高校体育合作教学模式有助于培养学生的团队精神,充分调动学生学习的主动性,由于合作教学的成绩评估是依据小组团队的整体成绩为标准,所以很容易形成小组内的合作意识,淡化了个人的竞争性。但是,同时加强了小组间的竞争性,学生通过整体的合作来与其他小组形成竞争,个人都不愿意因为自己的原因而拖整个小组的后腿,这就调动了学生学习的主动性,同时也培养了每个学生的团队精神,体育赛事中往往最需要团队中每位成员的相互合作。

二、合作教学模式在高校体育选修课中的应用

(一)合作教学的基本原则

1. 以问解答

在高校体育教学中,不断提出问题作为提高教学效果的有效手段之一。不仅加强了教师与学生的交流与沟通,而且能够时刻掌握学生对教学方法、手段、内容的意见以及学习效率等情况,有利于对存在的问题及时进行适当调整和改进。因此,在体育教学中要以提出问题为中心,千方百计为学生设计问题情景,让学生在解答问题的过程中寻求合作教学所带来的效益。此外,坚持以问解答原则突出了体育知识技能学习的普遍

性。有些动作技术比较复杂,在讲解示范层面不易掌握,必须深入研究、反复练习,才能掌握技术动作的细节。提出问题不仅激发了高校学生深入探究、认真学习的激情,而且可以培养学生的创造性思维,对于继续学习相关的体育技术动作具有"迁移"作用。

2.以灵带活

高校体育选修课教学的主要目的,就是改善学生的体质,增进健康,培养终身体育的意识,来应对未来的挑战。在这一总体思路下采用合作学习教学模式,要注重教学内容、方法的灵活性要不拘一格,把所采用的教学策略、教学方法与教学手段放在一个比较轻松的教学环境背景中,开阔学生的思维,使学生敢于交流,勇于沟通。这种沟通不是简单的集体小组讨论,而是建立在提出问题的基础上,深入研究体育技术动作的结构、要领,方式灵活,集思广益,以达到共同进步的学习目标。因此,建立合作教学模式要坚持以灵带活的原则,充分发挥合作教学在高校体育选修课教学中的作用。

3.体验实践

练习是高校体育课普遍采用的基本学习方法,而且练习在一节课中所占的比重通常比较大。但教学中常常会发现,学生对动作技术的掌握参差不齐。原因在于练习过程中多数学生只注重个体自我思维的发挥,只强调个体对动作技术的理解,而不善于发挥学习小组的力量,抑制了互助合作意识。虽然在此过程中有教师的指导或者纠正,但促进作用不大,自身的思维定式已确立。合作教学模式注重实践性,这种实践性不是简单的练习方式的运用,而是在井然有序的教学秩序下强调"小组"的作用。由于思维方式被无限扩大,理解空间也就被无限放大了,可以创设多个学习环节和情景,因此掌握技术动作的效率明显提高。

4.主动配合

构建合作教学模式要强调师生、生生之间的主动合作,这是学习态度和意识的体现。把学习观点和思维方式全盘托出,互相信任,只有这样才能在深层次上理解动作结构。教学方法、学习方法、教学内容、教学组织等方面都可列入讨论的内容,但同样要求主动配合。有时候也存在各种问题,如班级内部的各种矛盾、师生之间的矛盾等。为了不影响合作教学模式的构建,这些问题必须妥善加以解决,以强化主动合作意识,营造一个健康和谐的学习氛围,提高教学效果。

(二)合作教学模式在选修课中的基本功效

1.关注个体差异,开拓思维

针对学生的性格特点,在体育教学中不断关注个体差异,使体育教学面向全体在进行分小组合作学习时注意各种不平衡现象,使各种差距不断缩小。在研究讨论时尽可能发展的创造性思维,培养其积极主动参与的意识和分析、解决问题的能力,培养成功性思维。

2.进行案例分析,培养兴趣

为了尽可能培养班级课堂学习骨干,很多体育教师会在小组中安排一名各方面素质都很强的学生担当小组长,在他的领导下进行各种案例分析,特别是那些比较复杂难于理解或者易犯错误的动作技术。对每个学生的典型示范进行案例分析,提高了学生对技术动作的掌握程度,培养了学生的体育兴趣和参与运动的持久性。

3.人性化管理,获取自信

合作教学模式体现了"人性化"的管理理念。在学习过程中,整个小组既要面向全体,又要关注个体差异,使每个学生都有参与的机会。机会均等有利于培养全体学生的自信心,这有别于传统的体育教学,在传统体育教学中,这样的"关注度"比较少。小组教学中对个体讨论意见的尊重以及练习时彼此借鉴,有利于学习效率的提高。

(三)体育合作教学模式应注意的问题

1.体育教学方法的运用

在任何情况下,采用不同形式的教学方法的主要目的,都是为了使教学进度和教学效果达到最优化,让不同层次的学生在最短的时间内获得最大的学习成果。无论是传统的教学模式,还是新型的教学模式,在很大程度上运用教学方法的主要目的都是一致的。在合作教学过程中,体育教师往往会运用一些比较先进合理的教学方法,如探究式、讨论式、自主式、启发式、案例式等。这些教学方法深受广大学生的欢迎,取得了相当好的教学效果,学生对运动技能理解、掌握的效率也会随之提高。[①]

(1)满足学生心理需要

实践证明,传统的教学方法在教学效果上不容乐观,学习效率比较低,班级中学生掌握动作技术的速率不尽相同,没有全面开发学生的创造性思维能力。

(2)革新的需要

高校体育教学改革是高等教育教学改革的重要组成部分,而教学方法的改革也是其中非常重要的一部分。改变原有的消极因素,建立新型的积极因素是基本途径。目前,很多高校都在试图建立一套科学合理且行之有效的教学方法,在采用合作学习教学模式的过程中,新型教学方法的运用也体现了该教学模式的时代性和先进性,符合高校体育教学改革的基本需要。

(3)提高教学效率的需要

在合作教学过程中,运用新型教学方法不仅提高了学习伙伴之间的学习热情,而且加强了生生、师生之间的沟通能力,培养了他们对特殊问题采取特殊解决方法的能力,开拓了独立解决问题的基本渠道,为后课内外体育活动的开展奠定了基础。此外,根据教学目标建立的各小组,可以利用新型的教学方法建立一种信任机制,在脱离教师指导的情况下进行自主练习,取长补短,相互信任,根据自身对问题的理解程度构建符合自己实际情况的学习策略,有效地提高了学习效率。

2.考核成绩的评定

构建合作教学模式最重要的就是如何进行评价,它与传统的体育教

---

① 张天聪.自主—合作教学模式在高校体育教学中的运用[J].当代体育科技,2020,10(11):180-181.

学评价方式存在很大的不同。传统的体育教学评价多是跟踪式的教学评价，以课堂教学效果为目标，根据学生对动作技术的掌握程度来进行评定，突出学生个体之间的竞争；而合作教学评价则把个人之间的竞争转化为小组之间的竞争，把计分方式改为小组计分，把小组总体成绩作为奖励或认可的依据，形成了"内部成员合作，外部成员竞争"的新格局，使得整个评价由鼓励个人竞争达标转向鼓励大家合作达标。这种评价以小组成绩为依据，学生能否得到好成绩不仅取决于个体成员的成绩，而且取决于其所在小组成员的总体成绩。合作教学的教学评价使小组成员认识到小组是一个学习的共同体，个人目标的实现依赖于集体目标的实现，小组成员的共同参与才是合作学习所需要实现的目标。这种评价可以激发小组成员互相帮助，鼓励合作竞争，以实现"不求人人成功，但求人人进步"的教学评价目标。这不仅有利于培养自主学习的习惯，而且还可以舒适健康的、高成就动机的教学环境。

3. 体育教学资源的有效开发利用

合作教学模式的最大优势就是能够实现体育教学资源的有效利用。随着城市化进程的推进，城市用地已经受到限制，而高校生源则不断扩大，出现了前所未有的场地资源大面积缩水，学生人均活动空间不断缩小，体育场地资源无法满足需要的状况。合作教学模式可以充分利用现有场地资源进行体育教学，由人人拥有器械场地变为组组拥有器械场地，不仅显著提高了分配使用率，而且也使学生学会了如何利用有限的资源进行体育锻炼，节约了场地器械，突出了小组合作的优势。同时，在教学过程中，各小组可以根据分组情况以及项目内容对体育场地、器械进行合理分配或再分配，使体育教学资源得到合理、有效利用。

三、高校体育合作教学模式的构建

(一)体育合作教学模式的基本要求

1. 合作教学分组

体育合作学习的教学分组主要以组间同质及组内异质进行。组间同质是指各组组间的学生水平基本一致、保持均衡;组内异质是指各组组内成员各方面之间都有一定的差异,主要包括学生性别差异、学生学习成绩差异、学生特长差异、学生体育技能水平差异等方面。同时,体育合作教学的分组还必须考虑学生的兴趣以及意愿。

2.教学中的教师任务

教师课前在充分了解学生水平的基础上,根据具体教学内容设计相应的教学方法及教学任务,在体育教学过程中进行指导性讲解并对学生进行合作教学指导。

3.教学中的学生任务

在体育教学过程中学生应根据教师布置的教学任务及要求,以合作教学小组为基本单位,充分发挥主观能动性,采用多种途径,通过集体合作来完成。

4.体育课的开始部分

为提高学生的讲解、组织、示范等方面的能力,应以体育合作教学小组为单位,让学生轮流带领其他同学做准备活动。

5.集体讲授课

教师根据不同的教学内容合理安排集体讲授和分组合作教学的时间比例,讲解过程要突出重点、简单明了、注重效率。

6.合作教学小组的课堂活动

教师在学生进行合作教学之前要向学生讲明三个方面的问题:①只有合作学习小组的学生都完成了教学任务,整个小组的教学任务才算完成。②合作教学小组的同学要互相监督,检查同伴完成教学任务的情况,确保都能够完成教学任务。③教师在学生进行合作教学时,要进行巡视、观察、记录并适当进行指导等工作。

7.测试与反馈

学生在完成教学任务后,要进行独立性测试或者进行合作教学小组间的竞赛。教师根据测试或者竞赛的结果进行评价、总结,使学生认识到自己的不足,以便日后改正提高。

8.课后任务

根据教学目标、教学要求合理布置复习预习任务及作业。

(二)体育合作教学模式在体育教学中的应用

1.学生自学

体育合作教学的前提是学生个体学习练习所学动作技能。体育教师要根据不同的教学内容、教学任务、学生水平等制定相应的教学目标。要突出教学的重点难点,要求学生根据教师设计的技能学习流程以及个人所创造的新颖动作进行自学、自练,并根据个人特点选择场地器材。

2.小组讨论

学生完成自学后,教师要组织好学生的小组内讨论,让学生体验成功的喜悦。讨论的时间要根据教学内容、教学难度进行确定,时间不要太长,5～7分钟为宜。在小组合作学习完成后,还可以进行组间交流教师可以根据学生的交流结果进行总结、补充并适当进行讲评。

3.学生自主练习

在学生自学、小组讨论、交流以及教师讲评后,学生再进一步练习提高技术技能,以期取得最佳的学习效果。

4.学生技能展示

学生在完成动作技能的学习、练习后,每一个小组可以选一个代表,在全体成员面前展示学习成果。

(三)高校体育合作教学模式的构建路径

1.转变传统体育教学思想,培养学生合作学习意识

新时期高校体育的发展现实要求各高校必须转变传统的体育教学思

想,更加重视对学生全面素质的培养,充分认识到提升学生合作学习意识的重要性。教学思想是指导教学实施的一个前提和基础,合作教学的思想是根据小组学习中的团体压力和相互间的沟通交流来提升学生的学习主动性、体现学生学习的主体性。通过小组的合作学习改变传统以教师为主的教学模式,能真正让学生成为教学的中心,形成师生间、学生间的动态互动模式,从而能够相互借鉴、共同学习。

2.创新设计学生合作学习的过程,进行合理分组

高校体育教学模式在真正实施中,要创新性地设计学生合作学习的过程,即学生按照怎样的方式进行具体的合作学习。首先,要根据教材的内容来制订方案,目的是达到教材中某一时期的教学目标只有拥有正确的目标才能进行追求其次,根据每位学生的不同兴趣爱好以及身体状况、体育特长等进行分组,并制定小组的目标,这个目标要符合小组的实际并能使每位同学都起到重要的作用。

3.完善体育教学的评价标准,激励合作学习的主动性

高校体育合作教学模式的实施是否有成效,是否符合教学目的,这都需要拥有一个具体的评价标准合理的教学评价标准有助于激发学生的学习主动性,也能够为教师提供一个明确的教学方向。合作教学的评价主要包括教师的评价、小组自身的自我评价以及其他小组的评价等当然最重要的是要将小组视为一个整体进行评价,这样才能构成一个完整的评价体系。此外,教学评价要科学、全面,不能全部否定也不能完全认同要本着对每位学生有激励作用的原则进行平等的评价,在强调个人对小组重要作用的基础上,肯定每一位成员的进步,并能根据学生的不同基础水平进行不同程度的评价。

第五章 高校体育课程研究

第一节 体育课程与课程改革以及课程的资源开发与利用

一、体育课程的内涵

凡是被纳入学校教学计划的、体育方面的、有目的、有计划、有组织的活动都应该包括在体育课程之中。体育课程不是一门学科的课程，而是全面教育中一个方面的综合课程。人们通常把它和其他课程，如语文、数学、物理、化学、历史、地理、音乐、美术等课程等量齐观，实际上这种看法是不正确的。学校体育课程是一种有别于上述课程的特殊课程，其特殊性表现在以下方面。

（一）目的、任务的特殊性

体育课程的目的是提高学生身体素质、发展运动技能、促进身心健康和培养良好的运动习惯，旨在通过体育活动，使学生在身体、心理和社交等方面得到全面的发展。

体育课程的任务具有以下特殊性。

1.提高身体素质

体育课程致力于提高学生的身体素质，包括力量、速度、耐力、柔韧性和协调能力等方面。通过多样化的体育活动和训练，学生可以提高各项身体素质，增强身体的适应能力和抵抗力。

2.发展运动技能

体育课程注重发展学生的运动技能,包括基本运动技能(如跑、跳、投、掷等)、专项运动技能(如篮球、足球、游泳等)以及团队合作和竞技能力。通过系统训练和练习,学生可以掌握各项运动技能,并在实践中提高技能水平。

3.促进身心健康

体育课程关注学生身心健康发展,通过体育活动和运动锻炼,促进学生身心健康。体育活动可以帮助学生释放压力,增强自信心,改善心理状态,提高学习和生活的品质。

4.养成运动习惯

体育课程致力于培养学生良好的运动习惯和健康的生活方式。通过定期的体育活动和锻炼,学生可以养成积极参与体育运动的习惯,增强身体意识和健康意识,并将运动融入日常生活。总之,体育课程目的和任务的特殊性在于通过体育活动和训练,全面促进学生身心发展和健康,培养学生的身体素质、运动技能和良好的运动习惯。它在学生全面发展的教育中起着独特的作用,对学生的成长和未来发展具有重要意义。

(二)科学基础的综合性

科学基础的综合性在体育课程中是非常重要的,它涉及多个学科领域的知识和理论。以下是体育课程中一些常见的科学基础。

1.运动生理学

了解运动对身体的影响,包括能量代谢、心血管功能、呼吸系统、肌肉骨骼系统等方面的知识,以便指导运动训练和提高身体素质。

2.运动心理学

了解运动对心理状态和行为的影响,包括动机、注意力、情绪、自信心等方面的知识,以便培养学生积极的心态和心理素质。

3.运动解剖学和运动生物力学

了解人体结构和运动的力学原理,包括肌肉、骨骼、关节的结构和功能等方面的知识,以便正确理解和掌握运动技能与动作的执行。

4.运动营养学

了解运动对营养需求的影响,包括能量、蛋白质、碳水化合物、脂肪、维生素和矿物质等方面的知识,以便合理安排饮食,满足运动员的营养需求。

5.运动训练学

了解运动训练的原理和方法,包括训练计划的制订、训练负荷的控制、训练效果的评估等方面的知识,以便科学地进行训练和提高身体素质。

这些科学基础的综合性使得体育课程不是单一一门体育技能的训练课程,而是结合多个学科领域的知识,帮助学生全面理解和掌握体育的相关知识和技能。通过科学基础的综合性教育,学生可以更深入地了解体育的本质和价值,培养科学思维和综合分析问题的能力。

(三)教学时空的开放性和延伸性

体育课程在整个学校教育中具有重要的地位和作用,它不仅关注学生的身体素质和体能发展,也注重学生身心健康的促进和全面发展。

体育课程与其他学科课程相辅相成,共同培养学生各个方面的能力。通过体育课程,学生可以锻炼身体、增强体能、培养合作精神和团队意识,发展身体协调能力和运动技能,提高身心健康水平。

体育课程也能够培养学生的品德和道德素质。通过参与体育活动,学生可以形成尊重规则、尊重他人、团结合作、克服困难等价值观和道德观念,培养积极向上的人生态度。

体育课程还为学生提供了参与体育竞赛和比赛的机会。通过参与校内外的体育活动和比赛,学生能够锻炼自己的竞技能力,培养竞争意识,并体验到团队合作和个人成长的乐趣。

综上所述,学校体育课程在学校教育中具有独特的地位和功能,旨在培养学生的身体素质和道德素质,促进身心健康,以及提供参与体育竞赛和比赛的机会,促进学生全面发展。

(四)对促进智力与非智力因素的特定作用

学校体育课程在促进学生智力和非智力因素方面具有特定的作用。

1.促进智力发展

体育活动不仅仅是身体的锻炼,也涉及大脑的运动控制和认知过程。通过体育课程,学生参与各种运动和游戏,可以锻炼注意力、思维灵活性和判断力等认知能力。体育活动中的规则和战略,也可以促进学生问题解决和决策能力的发展。

2.增强学习能力

体育课程可以提供学生集中注意力、保持专注和控制情绪的机会。这些能力对于学习其他学科和应对学习压力非常重要。体育活动中的协作和团队合作,也可以培养学生的社交技能和团队合作精神,这些能力对于学生学习和人际关系的发展都起着积极的作用。

3.促进身心健康

体育课程不仅有助于身体的健康发展,也对心理健康有积极影响。参与体育活动可以减轻学生的学习压力和焦虑情绪,提高情绪管理和应对能力,增强自信心和自尊心。身体健康和心理健康是学生学习和成长的基础,体育课程在这方面起着重要作用。

综上所述,学校体育课程通过促进学生智力和非智力因素的发展,提高学生的认知能力、学习能力,培养社交技能和团队合作精神,促进身心健康。这些方面的发展对于学生综合素质的发展和学业成功都具有重要的影响。

二、体育课程改革的内涵

体育课程改革的内涵包括以下几个方面。

(一)素质教育导向

体育课程改革强调培养学生全面发展的素质,不仅注重身体素质的提高,还关注学生认知、情感、社交等综合素质的培养。体育课程从简单的技能训练转变为注重学生综合素质的培养,强调学生的个性发展和能力的全面提升。

(二)多样化的内容和形式

体育课程改革注重多样性和个性化,提供多种体育运动项目和活动形式供学生选择。除了传统的体育项目,体育课程还可以引入健身、户外活动、舞蹈、武术等多种形式,以满足学生的兴趣和需求。

(三)基于能力培养的课程设计

体育课程改革强调培养学生的运动技能和能力,注重学生在不同领域的运动表现和发展。通过设置具体的能力目标,课程设计更加关注学生运动技能、战略意识、协作能力、创新思维等方面的培养。

(四)强调运动文化和体育价值观

体育课程改革注重培养学生的体育文化素养和体育价值观,通过教授体育知识、传承运动文化,培养学生对体育的理解和热爱,促进学生形成正确的体育价值观。

(五)教学方法的创新

体育课程改革鼓励教师采用创新的教学方法,注重学生的主体性和参与性。通过多种教学手段,如小组合作、问题解决、案例分析等,激发学生的学习兴趣和积极性,提升教学效果。

综上所述,体育课程改革的内涵包括素质教育导向、多样化的内容和形式、基于能力培养的课程设计、强调运动文化和体育价值观,以及教学方法的创新。这些改革旨在推动学生全面发展,培养他们的体育素养和综合能力,同时促进体育教育质量和效果的提升。

三、体育课程资源开发与利用的作用

(一)促进体育课程目标达成

体育课程资源的开发和利用对于推动体育课程改革和实现课程目标具有重要意义。以下是体育课程资源开发与利用具体作用体现的几个方面。

1.资源保证

体育课程资源的开发与利用为体育课程目标的实现提供了资源保证,包括丰富的教材、器材设施、技术指导、专业人才等,确保学生能够充分接触和利用这些资源进行体育学习和实践。

2.多层面标准实现

体育课程资源的开发与利用为体育课程的知识、过程与方法、情感与态度等多层面要求的实现提供了可能性。通过充分利用各种资源,教师可以设计丰富多样的教学活动,帮助学生全面发展和达到各项标准要求。

3.学习支持系统

体育课程资源的开发与利用可以为学生提供学习支持系统,特别是在探究式、开放式和合作式学习方面。通过提供丰富的资源和指导,学生可以自主学习、合作学习和探索学习,培养创新思维和解决问题的能力。

4.社会体育资源的开发

体育课程资源的开发与利用可以促进在家庭、社区和社会范围内开发新的体育活动资源。通过与社会体育场所和设施的合作,学校可以拓宽学生的体育学习和实践领域,丰富课程内容,提供更多的机会和途径让学生参与体育活动。

5.校内外结合与社会化终身体育

体育课程资源的开发与利用有助于探寻校内外体育教育结合的途

径,实现学校体育教育与社会体育的有机衔接。通过与社会各个系统的联系,学校体育教育实现全面发展,确立学校体育教育与终身体育的关系。

总的来说,体育课程资源的开发与利用对于推动体育课程改革、丰富学生体育学习经验、拓宽课程范围、与社会体育相衔接以及培养学生终身体育意识具有重要的作用。

(二)更好地促进学生的发展

正确地开发和利用体育课程资源可以更好地促进学生的全面发展。以下是一些具体方式。

1.多样化的学习活动

借助丰富的体育课程资源,教师设计多样化的教学活动,包括团体竞技、个人技能训练、健身运动等,以满足不同学生的需求和兴趣,为他们提供多种选择,让学生在自己喜欢的领域发展,培养他们的潜力和兴趣。

2.探索性学习

教师提供开放式的教学环境和资源,鼓励学生主动探索和发现知识。例如,引导学生研究不同体育项目的规则和技术,让他们自主设计和实施训练计划,培养他们的问题解决能力和创新思维。

3.合作学习

教师利用体育课程资源促进学生之间的合作学习;运用组织团队活动、伙伴训练等形式,鼓励学生相互支持、协作和互动,培养他们的团队合作精神和社交能力。

4.实践与应用

将理论知识与实际运动相结合,让学生通过实践和应用来加深对知识的理解和掌握,提供丰富的实践机会。例如参加比赛、表演、社区体育活动等,让学生将所学知识应用到实际情境中。

5.反思与评估

鼓励学生进行反思和自我评估,帮助他们意识到自己的优势和改进的方向。通过提供反馈和指导,让学生认识到自己的成长和进步,激发学习动力和自信心。

综上所述,通过科学地开发和利用体育课程资源,教师可以提供多样化的学习机会和实践经验,促进学生身体、智力、情感和社交等多方面的发展。同时,也需要教师的引导和支持,激发学生的学习兴趣和潜力,创造积极的学习环境,让每个学生都能够充分发展自己的潜能。

(三)促进体育教师素质的提高

要促进体育教师素质的提高,可以采取以下措施。

1.继续教育与专业发展

体育教师应参加专业培训、学术研讨会和教学研讨活动等,不断更新教育理念和教学方法,通过学习新的教育理论和科研成果,提高自己的专业知识和技能。

2.反思与自我评估

体育教师应不断反思自己的教学实践,从中寻找改进的空间,进行自我评估,发现自己的优势和不足,并努力改进不足之处。

3.寻求反馈和指导

体育教师可以向同事、教育专家或教学指导员寻求反馈和指导,接受他人的意见和建议,不断改进自己的教学方法和教学效果。

4.研究与创新

体育教师可以进行教育研究,关注体育教育领域的新研究成果,探索新的教学策略和方法,积极创新教学内容和形式,提升课堂的吸引力和有效性。

5.参与专业组织和活动

加入体育教师的专业组织,参与相关活动,与同行分享经验、交流教学心得,从中获取更多的教学灵感和启发。

6.建立合作关系

与其他学科教师和学校管理人员建立良好的合作关系。跨学科合作可以促进教师间的经验交流和资源共享,为学生提供更全面的教育服务。

7.关注学生发展

关注学生的身心发展和需求,积极关注学生的学习进展和个性特点,不断调整教学方法,针对学生的不同需求提供个性化的学习支持。

综上所述,体育教师的素质提高需要不断学习与发展,通过专业培训、反思和自我评估、寻求反馈和指导、研究与创新等多种途径来提高教学能力和专业水平。重要的是持续关注学生的发展需求,并与其他教师和专家合作,共同提高教育质量。

四、体育课程资源开发与利用的原则

(一)多样性原则

体育课程资源应多样化,包括各种体育项目、运动器材、场地设施等。资源的多样性可以满足学生的不同兴趣和需求,为学生提供更丰富的学习体验。

(二)适应性原则

体育课程资源应与学生的年龄、能力和发展阶段相适应。资源的选择和设计应考虑学生的特点和需求,以促进他们的全面发展。

(三)教学目标导向原则

体育课程资源的开发和利用应与教学目标紧密相关。资源的选择和运用应有助于实现教学目标,提高学生的体育素养和技能水平。

（四）可持续性原则

体育课程资源的开发和利用应具有可持续性。资源应具备长期使用的可靠性和耐久性，为学校提供持续的教学支持。

（五）效果评估原则

体育课程资源的开发和利用应进行效果评估。通过评估资源的有效性和学生的学习成果，教师不断改进和优化资源的使用方式，提升教学效果。

（六）共享与合作原则

体育课程资源的开发和利用应鼓励共享与合作。学校之间、教师之间可以共享资源，互相借鉴和交流经验，提高资源的有效利用和开发水平。

（七）创新与更新原则

体育课程资源的开发和利用应积极推动创新和更新，关注新技术、新理念和新方法的应用，不断引入新的资源，以适应时代发展和学生需求的变化。

通过遵循这些原则，体育课程资源的开发和利用能够更加科学、有效地支持体育教学，为学生提供丰富的学习体验，促进学生的全面发展。

五、体育课程资源开发与利用的内容

（一）人力资源的开发和利用

开发和利用校内领导、班主任、体育教师、卫生教师、任课教师、学生、家长以及校外教练、社会体育爱好者的优势和体育特长，创设平台，引导他们参与学校的体育活动。

（二）体育设施的开发和利用

在课题实践中，开发校内外体育设施（如球场、空地、教室、健身馆、走廊、过道等），利用体育器材的特点，发挥其多功能作用，为实现教学目标服务。

1.常规设施

操场、跑道、篮球架、足球门、单杠、双杠、天梯、滑梯、爬杆、领操台、乒乓球台等。

2.常用器材

篮球、排球、足球、乒乓球、垒球、实心球、体操垫、体操棒、跨栏架、短绳、橡皮筋、毽子、哑铃、沙包、旗帜、塑料圈等。

3.自制、代用器材

胶圈、胶棒、纸球、纸棒等纸制器材，饮料瓶、易拉罐、泡沫拼花地板、小木夹、彩带、双色帽、课桌凳，家庭生活用品(如小桶、小凳等)等。

(三)课程内容资源的开发和利用

1.改造和创新传统的教学内容

教师要在继承的基础上改造和创新教学内容，从整体健康观的角度出发，创造出新的适合学生生理、心理特点的教学内容、要求和方法，使之更好地发挥效能。

2.发掘有地方特色的运动

在课题研究中，教师可将地方特色运动分成两类：一类是前人已有的，而现在被湮没或基本失传却在实践中被发掘、整理使之重现的运动。如滚铁环、打陀螺、踢毽子等；另一类是具有民风、民俗特征的活动内容。如竹竿活动、胶圈活动等，从中筛选出具有典型地方特色并符合学生特点的活动内容，进行教学实践研究。

3.引进流行、时尚的课程内容

现代教育的最大优点就是它的时代性强。在体育教学中，教师要根据学生年龄和身心发展特征引入流行、时尚的课程内容，如定向运动、拓展运动、搏击、柔道、街舞、女子防身术等，以达到提高学生心理健康水平和社会适应能力的目标。

4.自编、自创教材

体育课程的教学内容具有较大的不确切性,既给教师的教学带来了一定的困难,也给了教师广阔的创新空间。在课题研究中,学校要引导教师从学生身心特点、场地器材、教学实际出发,自编、自创教材,创造性地实践新课程。例如,在实践中进行体育故事、谜语、游戏、小器材的自编、自创等。

5.开发来自学生生活的课程内容

体育课程要以学生的发展为中心,强调学生的主体地位。选择和处理教材内容不仅是教师的事情,也是学生的事情,学生才是学习的主体,他们的"动"与"不动"是课堂的核心。从学生生活中开发课程内容,教师可以在教学内容板块中给予学生发挥、畅想的空间。

(四)课外与校外体育资源的开发和利用

校外体育资源包括爬山、打球、亲子活动、社区竞赛、青少年活动中心培训、少体校训练、体育俱乐部活动、兴趣班活动以及各种节假日的体育活动和竞赛等。在课题实践中,学校要善于开发和利用以上载体,为体育教育、教学和课程改革提供支持,不断完善"以校为本"的体育课程资源开发和利用机制,并辐射周边社区和家庭,实现学校体育教育、课程和教学改革与发展的良性循环。

(五)自然地理资源的开发和利用

我国幅员辽阔,地域宽广,气象万千,地形、地貌千姿百态,蕴藏着丰富的课程资源,学校应重视开发和利用。例如,可开展春秋游、远足、爬山、散步、定向徒步、无线电测向运动、自行车慢骑、日光浴、游泳、打雪仗、滚雪球、堆雪人等课程活动。

(六)体育信息资源的开发和利用

在当今社会,教师要充分利用各种信息资源获取体育信息,不断充实和更新课程内容,提升专业素养。体育信息资源的开发和利用可以以校内广播、黑板报、挂图、比赛、体育小报、体育作文等为载体,增强体育校园文化的建设。在课题实践中,学校要引导学生主动通过广播、电视、网络等各种信息媒体途径获取体育信息,使学生懂得如何获取、整理、筛选、利用信息,并使其树立终身体育的理念。

第二节　高校体育课程目标分析

课程目标是教育目的和培养目标在教育过程中的具体化,是从课程的角度规定的人才培养的具体规格和质量要求,是指导整个课程的准则,也制约着教学结构、实施、评价等环节。[①]

一、高校体育课程目标的内涵和外延

体育课程目标有总目标和体育学科课程目标。课程总目标依据体育教育内容的特点和学生阶段性心理发展需求而确定,主要对课程计划、教材编写、教学目标、教学原则起指导作用,是体育课程的指南、教材编写的依据,规定了体育课程实施和评价应达到的最低标准。

在我国以前的体育课程大纲、体育教科书以及教学参考书中,教育目的、教学要求、教学任务、教学目标这些术语概念几乎是通用的,而且使用率极高。但是,关于体育课程目标的术语概念,却从来没有使用过。随着我国课程改革的深入发展和体育理论研究综合化与细分化的并进,特别是课程论学科的兴起,新一轮课程改革制定的各科课程文件都把"课程目标"作为独立的部分来规定。为了更好地探讨体育课程改革,我们有必要把这些相关术语概念重新加以框定。为了界定课程目标和其他若干相关概念的区别和联系,我们首先要界定课程目标,并厘清课程目标的本质和内涵。

---

① 罗伟.体育强国背景下高校特色体育课程体系研究[M].北京:中国纺织出版社,2022:19.

课程目标是一门学科的核心,它是通过具体的教学活动使学生发生不同性质和程度的各种变化。课程目标是通过教学活动克服某些困难而一定要实现的要求。体育课程目标就是利用各种手段和方法,通过体育知识和运动技巧的教学活动,使学生的身体和思维产生不同类型和不同程度的各种变化。

(一)体育课程目标和教育目的的关系

体育课程目标是指在体育教学中所设定的具体、可操作的目标,旨在指导学生在体育学习和实践中所应达到的预期结果。教育目的是指整个教育过程中所追求的总体目标和意义,体现了对学生全面发展的期望。

体育课程目标与教育目的存在着密切的关系。体育课程作为教育的一部分,它的目标应当与整体教育目的相一致。具体来说,体育课程目标应当体现整体教育目的的以下几个方面。

1.身体素质的发展

体育课程旨在提高学生的身体素质,提高身体健康水平,促进身体发育和机能的全面发展。这与教育目的中关注学生身体健康和全面发展的要求相一致。

2.社会交往和合作能力的培养

体育课程通过团队活动和合作竞技,培养学生的社交技能、团队精神和合作能力。这与教育目的中培养学生良好的社会关系和合作能力的要求相符合。

3.个人品质的培养

体育课程通过培养学生的意志品质、毅力、坚韧性和自律性,促进学生个人品质和心理素质的培养。这与教育目的中培养学生健全人格和良好品德的要求相呼应。

4.教育价值观的传递

体育课程作为教育的一部分,也承担着传递教育价值观的重要任务。

通过体育活动的开展,教师可以向学生传递积极健康的价值观念,如公平竞争、团队合作、努力奋斗等,与教育目的中培养良好的价值观和道德观念的要求相一致。

综上所述,体育课程目标与教育目的密切相关,通过体育课程的设计和实施,可以实现教育目的中关于身体健康、社交合作、个人品质和教育价值观的要求,促进学生全面发展。

(二)体育课程目标和体育课程的关系

体育课程目标是指在体育教学中所设定的具体、可操作的目标,旨在指导学生在体育学习和实践中所应达到的预期结果。体育课程则是指教学活动的组织形式和内容安排,是实现体育课程目标的具体实施方式。

体育课程目标和体育课程之间存在着密切的关系。具体来说,体育课程目标对体育课程的设计和组织起着指导作用,体育课程则是体育课程目标的具体实现方式。

1.指导作用

体育课程目标为体育教学提供了明确的方向和目标。它规定了学生在体育学习和实践中应该达到的各项能力和素质,并为体育课程的设计和实施提供了依据和指导。

2.内容安排

体育课程的内容安排应当与体育课程目标相匹配。体育课程目标的不同维度和要求决定了体育课程内容的多样性和综合性。体育课程应包含与体育课程目标相关的各类体育活动和教学内容,以促进学生在不同方面的发展。

3.教学方法

体育课程目标要求学生在体育学习中获得实践经验和运动技能,因此体育课程需要采用适合的教学方法和活动形式来达到这些目标。体育课程应结合不同的教学方法,如示范教学、实践训练、合作学习等,以促进学生的综合发展。

4.评价与反馈

体育课程目标为体育课程的评价和反馈提供了依据。通过对学生学习成果和综合素质的评估,教师可以判断体育课程目标的实现情况,并对体育课程进行调整和改进。

综上所述,体育课程目标是体育课程设计和实施的指导依据,它与体育课程的内容安排、教学方法、评价与反馈等方面密切相关。体育课程目标的明确和贯彻落实对于推动体育课程的有效实施和学生全面发展具有重要意义。

二、高校体育课程目标的功能

(一)定向功能

教学活动要达到什么结果,是受课程目标的指导和制约的。课程目标是教学实践活动的方向标,它在教学过程中起着指示方向、引导轨迹、规定结果的重要作用。教师要根据课程目标确定课时教学目标,又根据课时教学目标设计教学活动和实施教学。课程目标不仅制约着教学系统设计的方向,也决定着教学的具体步骤、方法和组织形式。教学过程受课程目标的指导和支配,并围绕课程目标展开。明确的课程目标能够为教师的"教"及学生的"学"指明方向。

(二)控制功能

高校体育课程目标具有重要的控制功能,主要在以下几个方面起作用。

1.指导学习内容和教学活动

高校体育课程目标明确规定了学生在体育学习中应该达到的各项能力和素质,包括身体素质、运动技能、协作能力等。这些目标可以指导教师在课程设计中确定学习内容和教学活动,确保教学内容与目标相匹配,促进学生全面发展。

2.规范评价与考核

高校体育课程目标提供了评价和考核的依据。通过对学生的学习成果和综合素质进行评估,教师可以判断学生在体育学习中是否达到了预期的目标。评价与考核结果可以反馈给学生和教师,为教师进一步调整教学策略和提升教学效果提供依据。

3.统筹协调课程设置

高校体育课程目标可以在整个课程设置中起到统筹协调的作用。明确的目标,可以确保不同学科的课程设置与体育课程目标相互协调,形成有机的课程体系。这有助于促进跨学科的综合学习和学科之间的融合,提升学生的综合能力。

4.引导学生自主学习和终身学习

高校体育课程目标可以引导学生形成自主学习的意识和习惯,激发学生的学习兴趣和主动性。目标的设定应当注重培养学生的学习动力和学习能力,使他们具备终身学习的能力和意识,能够在毕业后继续进行体育锻炼和发展。

综上所述,高校体育课程目标具有重要的控制功能,它可以指导教师的教学内容和教学活动,规范评价与考核,统筹协调课程设置,以及引导学生自主学习和终身学习。这些功能有助于提升体育课程的质量和效果,促进学生的全面发展。

(三)激励功能

高校体育课程目标具有重要的激励功能,主要在以下几个方面起作用。

1.激发学生的学习兴趣

明确的体育课程目标可以向学生传达学习的重要性和意义,激发他们对体育学习的兴趣。通过设定有挑战性和吸引力的目标,教师可以激发学生的学习动力,促使他们积极参与体育课程,提升学习效果。

2.培养学生的自信心和成就感

体育课程目标的设定应当符合学生的实际情况和能力水平,具有一定的可实现性。当学生完成并超越设定的目标时,他们可以获得成就感和提升自信心,更加努力地学习和锻炼,追求更高的目标。

3.促进个人成长和发展

体育课程目标不仅关注学生的身体素质和运动技能提升,还注重培养学生的团队合作能力、领导能力、创新能力等非智力因素。通过设定多样化的目标,教师可以激发学生在多个方面的成长和发展,促进他们综合素质的提升。

4.激发学生对成功的追求和自我超越

体育课程目标的设定应当具有一定的挑战性,能够激发学生对成功的追求和自我超越的意愿。通过设立适当难度和能够实现的目标,教师可以激发学生的进取心和积极性,使他们不断挑战自我,追求更高的成就。

综上所述,高校体育课程目标具有重要的激励功能,它可以激发学生的学习兴趣,培养自信心和成就感,促进个人成长和发展,以及激发对成功的追求和自我超越的动力。这些激励功能有助于提高学生的学习动力和积极性,推动他们在体育学习中取得更好的成绩。

(四)评价功能

教学评价以课程目标为依据,明确的课程目标是进行评价的前提。课程目标作为预先规定的教学结果,是测量、检查、评价教学活动成功与否、是否有效的尺度与标准。教学是一个系统的、由多因素构成并由各个环节连接而成的序列活动,测量和评价是教学活动周期的重要一环。它既要确定预定的课程目标是否实现或达到,又要确定目标达成度,还要获得调整目标的反馈信息,这些都要以既定的目标为尺度。课程目标描述具体的行为表现,能为教学评价提供科学依据。采用全面、具体和可测量的课程目标作为检验学生学习的依据,可以保证测验的效度、信度及测试的难度和区分度,使教学评价有科学的依据。

三、高校体育课程目标定位

高校体育课程的改革必须强调课程目标的核心作用,把课程目标置于课程改革和构建的首要地位。体育课程目标分为基本目标和发展目标两个层次,每一层次包括运动参与、运动技能、身体健康、心理健康和社会适应五个领域的具体目标。[①] 此外,课程目标贯穿"健康"这一主线,身体健康、心理健康和社会适应是整体健康观的三个方面,运动参与和运动技能可以理解为促进个体健康的条件。这一课程目标较好地结合了"终身体育"观和"健康第一"指导思想,使得体育课程目标真正把学生个体的发展和健康放在首要位置。虽然"全面健康"课程目标的提出实现了体育课程目标的多元化,但多功能化的课程目标开发不能违背体育课程强身健体的本质功能。

(一)过程与目标

课程目标和教学过程是密切相关的,它们相互支持、相互补充,共同促进学生的学习和发展。

课程目标是对学生所期望达到的知识、技能、态度和价值观等方面的总体描述。它们指导教学的方向和内容,明确学生应该具备的能力和素质。课程目标可以拆解为更具体的教学目标,以指导具体的教学活动。

教学过程是实现课程目标的具体活动和步骤。它涉及教师的教学方法、教学资源、组织管理等方面,以及学生参与的学习过程。在教学过程中,教师应贯彻课程目标,将目标转化为具体的教学内容和任务,运用适当的教学方法和评估手段,引导学生参与学习、实践和反思,以实现课程目标。

---

① 刘生彦. 高等学校应用型本科教材 大学体育与健康教育教程[M]. 西安:西安交通大学出版社,2019:12.

过程与目标是不同的概念,过程强调的是学生的学习和发展的实际活动,目标则是对学生所期望达到的结果的描述。过程是实现目标的手段和保障,目标则是指导和评估过程的标准。因此,在构建体育课程目标时,教师要强调过程的重要性,并确保教学过程与目标的一致性和有效性。

我们也要注意区分过程和方法的概念。方法是指在教学过程中采用的具体教学手段和策略,是实现过程和目标的具体工具。过程可以包含多种方法,方法则是在过程中运用的具体方式。因此,不能用过程代替方法,而是要在过程中选择和运用合适的方法来实现课程目标。

综上所述,课程目标和教学过程是相互关联、相互支持的概念。课程目标指导教学过程,教学过程则是实现课程目标的手段和保障。在教学过程中,教师应贯彻课程目标,将其转化为具体的教学任务和内容,并运用适当的方法和策略,以促进学生的学习和发展。

(二)知识、技能和能力

知识是关于事物的认识和理解,是对现实世界的描述和解释。它可以通过学习、研究、经验等途径获得,是人们对事物认知的理论基础。

技能是通过实践和经验习得掌握特定任务的能力。它涉及对知识的应用和动作的掌握,需要反复练习和实践来提高熟练程度。

能力是个人完成某种活动所必需的心理特征和能力。它包括认知、情感、社交和动态调节等方面的心理过程。能力是相对稳定和持久的,与个体的心理特点和潜能有关,可以通过培养和训练来发展和提高。

在制定课程目标时,教师可以将知识、技能和能力作为目标要素,并将其纳入目标的描述和规划中。例如,课程目标可以包括获得特定知识的能力、掌握特定技能的能力,以及发展特定的认知能力和社交能力等。课程目标应该明确地描述学生应该达到的知识、技能和能力,以指导教学的设计和评估。

尽管知识、技能和能力密切相关,但它们确实是不同层面的内容,不能将其混为一谈。理解它们的区别和内涵,有助于教师更准确地制定课程目标,确保目标的全面性和连贯性,并为学生的学习和发展提供指导和支持。

（三）方法和方法论目标

科学的方法和方法论是人们认识自然和社会现象的有力武器。"授人以鱼，不如授人以渔"，传授给人知识，不如传授给他学习知识的方法。方法和方法论多种多样，体育学科也有其独特的方法和方法论。要熟练掌握两项以上健身运动的基本方法和技能，掌握常见运动创伤的处置方法。此处的"方法"是指具体的操作方法，与方法论中的"方法"相差甚远。方法和方法论是应被列入课程目标体系的一个层面的目标。

（四）知识与技能、方法与能力、情感态度与价值观各层面的目标

知识和技能是基础层面的目标，它们是课程中学生应该掌握和应用的具体内容和能力。知识包括学生对事实、概念和理论的了解和掌握，技能则是学生在实践中运用知识解决问题和完成任务的能力。

方法和能力属于第二层面的目标，它们更具有普适性和综合性。方法是学生掌握和应用知识与技能的方式和途径，包括问题解决的思维方法、学习和研究的方法等。能力是指学生在特定领域或任务中展现的心理特征和能力，它涉及认知、情感、社交和动态调节等方面的能力。

情感态度与价值观层面的目标是最高层次的目标，它涉及学生对自我、他人和社会的态度与价值观。它们反映了学生的情感情绪、道德观念、人际关系等方面的发展，是学生内在驱动力和行为导向的重要因素。

在课程目标的构建过程中，教师需要充分考虑这些目标的关系和层次。知识和技能是基础，方法和能力是实现基础的手段和能力，情感态度和价值观则是更高层次的内在驱动力和价值观。课程目标应该明确地描述学生在这些方面的发展和达到的期望水平。

第三节　高校体育课程设置和课程的学习与评价

一、高校体育课程设置模式分析

我国在高校体育课程改革和实践中，对现代体育教育思想进行了全

面贯彻,且已经对体育课程模式的改革活动进行了不同程度的实施。在经历了一定阶段的发展、"聚类"和"沉淀"以后,我们可以将这些模式归纳、总结为以下几种类别。

(一)体育选修课模式和必选课模式相结合

我国的部分高校已经建立了一年级、二年级体育选修课的主体教学模式。同时,还设立了校定特色体育必修课,规定了校定特色体育必修课课程设置模式的基本考核标准,要求高校的每一位学生都要通过。应用体育选修课和校定特色体育必修课相结合的模式,首先需要配备充足的体育师资力量;其次还要学校政策的支持与财力支持,保证有较好的教师工作待遇等。只有这样,才能够提高学生的体育基本素质,增强学生的体育锻炼意识。

(二)"完全教学俱乐部"模式

"完全教学俱乐部"模式在我国部分高校应用。这一模式的主要思想是按照学生的体育学习兴趣与爱好,全面实施体育课程俱乐部模式,让学生能够完全自由选择体育运动项目、体育运动实践、体育教师。同时,把体育课程教学的俱乐部逐渐向外发展,延伸到课外体育俱乐部。通常来讲,在"完全教学俱乐部"模式中,教师主要应用了指导制的形式。在应用"完全教学俱乐部"模式的时候,通常要求有条件优良的体育课程场馆设备,同时,对于吸引力也有一定的要求。此种教学模式属于教育制度中的完全学分制。此外,还要求学生具备较好的体育基本素质、较高的体育锻炼积极性和体育自我锻炼的意识,具备良好的体育学习习惯与体育能力。"完全教学俱乐部"模式充分保证了体育课程教学的时间,在完善的、专业的师资结构下,使学生的体育学习需要得到充分满足。①

(三)体育课程俱乐部模式和体育选修课模式相结合

我国部分高校构建了网上自由选择体育课程、选择时间和体育教师的体育课程俱乐部模式。这一模式仍旧按照班级授课的方式开展体育课

---

① 许志刚.高校实施完全体育俱乐部制的背景与目的[J].课程教育研究,2017(43):188—189.

程活动,并且通过学期选修课或者必修课形式实施体育课程管理。从实质上来讲,体育课程俱乐部模式是存在于完全教学俱乐部模式和体育选修课模式之间的一种教学模式。在使用此教学模式的时候,对于体育师资与项目群的储备存在要求,学生要具备较强的选择性,还离不开体育课程专门选课系统的有力支持。值得说明的是,同完全教学俱乐部模式相比较,此种模式没有那么高的体育课程硬件设施要求。但在课程的可选择性问题上,学生很难不受到课程设置模块、课程授课时间和师资力量的制约。

(四)体育基础课模式和体育选修课模式相结合

我国的部分高校已经构建了一年级的基础课、二年级的选修课,或者是第一学期的基础课,第二、三、四学期的体育选修课教学模式。通常来讲,体育基础课授课形式是按照行政班级的方式,体育选修课则是按照实际报名情况或者网上选择的具体情况来对体育班级进行编制的方式开展的。此模式较多地强调了学生身体素质发展的重要性,对于校定特色体育与一些传统体育运动项目教学与考核的顺利开展是非常有利的,还能够促进体育课程组织管理工作的全面实施。[①]

二、高校体育课程的学习

体育学习是以运动技术的学习为中心而开展的活动。它是一种综合性很强的学习活动,既包含了技能学习,也包含了认知学习、社会学习和情感培养。

(一)体育学习的过程

1. 体育知识和运动技术的学习过程

学习过程是通过感知、记忆、反应等环节表现信息的流程或转换。

(1)感知

教师在课堂上通过示范等直观方式,将技术动作向学生进行展示并

---

① 王钰,曹峰,齐欣.完全学分制下高校体育教学俱乐部的实施路径[J].体育世界(学术版),2020(1):143-144.

讲解,学生通过视觉和听觉将这些刺激转换成神经信息,进入感觉登记器,有的信息被记录了下来,而有的则被遗忘。

(2)记忆

被感受器登记了的技术动作有关信息很快进入短时记忆储存,并经过信息编码进入长时记忆。信息在此时被编码,即在短时记忆中以知觉方式存在的动作印象这时转换成了动作概念、要领和动作表象等形式。

(3)反应

当学生根据要求做出该技术动作时,他们会对长时记忆储存进行检索、提取,从而根据技术动作的概念和要领等做出动作。即学生对该技术动作已有所习得,表明学习确已发生。

2.体育知识与运动技术的学习阶段

从加涅的信息加工学习理论模式来看,学生每一个具体、完整的学习活动,其过程可以分为以下八个阶段。

(1)动机

学生有了学习的动机和期望,就会使学习行动指向学习的目标。

(2)领会

学生对所学的体育知识和技术进行了注意和选择性知觉。

(3)习得

即信息被重新编码。例如,技术动作由短时记忆中的视觉印象转换成了动作的概念、要领、口诀、顺口溜及动作表象等。

(4)保持

学生将习得并经过编码的信息储存在长时记忆中。由于新旧信息的干扰,有的内容会被遗忘,而有的会被保持下来。为了使保持下来的信息更多,学生就要加强动作技术的重复性。

(5)回忆

它是指对储存在长时记忆中的内容进行搜寻或检索的过程。这个过程往往要通过外部环境提示某些情境或刺激才能完成。

(6)概括

学生提取习得信息的过程并不是总在最初学习信息时的情境中,而是将习得的知识技能运用到类似的情境中,即为概括阶段。

（7）作业

作业（反复练习）可以反映学生是否已经习得了所学习的内容。

（8）反馈

当学生得到他的学习行为使一定的预期得以实现这个信息后,学习的行为就完成了。反馈是学生通过对其行为效果的观察提供的。如果学习的目的是习得某项运动技能,反馈则来自成功地展示这种运动技能。

（二）运动技能的形成过程

运动技能的形成是一个逐步发展的过程,通常包括以下几个阶段。

1.认知阶段

在这个阶段,学生通过观察和理解运动动作的基本要素与规则,开始了解动作的目标、结构和执行方式,并逐渐建立起对运动技能的概念和认知。

2.模仿阶段

在这个阶段,学生通过观察和模仿他人的运动表现,尝试复制他们所看到的动作。通过反复模仿和练习,学生逐渐熟悉并掌握了运动技能的基本要素和执行方式。

3.练习阶段

在这个阶段,学生通过不断练习和重复,逐渐改善和提高运动技能。他们开始注重细节和精确性,逐步增加动作的复杂性和难度,并通过反馈和调整来改进自己的表现。

4.自动化阶段

在这个阶段,学生的运动技能已经变得相对流畅和自然,可以在不过多思考的情况下执行。他们能够根据环境和任务要求做出适当的反应,并且能够快速适应和调整自己的动作。

需要注意的是,每个人的学习和发展速度不同,在形成运动技能的过程中可能会有不同的经历。此外,专业教练的指导和适当的练习环境也对学生运动技能的形成起着重要的促进作用。

在整个过程中,反馈和调整是非常关键的。学生需要及时获得准确的反馈信息,了解自己的优势和改进的方向,调整和改进自己的动作执行。这种反馈可以来自教练、同伴、视频分析等。

总之,运动技能的形成是一个渐进的过程,需要经历认知、模仿、练习和自动化等阶段。通过适当的指导和反馈,学生可以逐步提高和完善自己的运动技能。

三、高校体育学习的评价

(一)体育学习评价的内容

1.技能水平评价

评估学生在特定体育项目或技能方面的表现水平,可以通过观察和记录学生的动作技能、技术正确性、灵活性、协调性和精确性等来评价。

2.战术应用评价

评估学生在实际运动中的战术应用能力,包括对比赛局势的判断、战术决策和团队合作等方面的评价。

3.身体素质评价

评估学生的身体素质水平,包括力量、速度、耐力、柔韧性和敏捷性等方面。

4.认知知识评价

评估学生对体育理论知识的掌握和理解程度,包括规则、战术策略、运动生理等方面。

5.情感态度评价

评估学生对体育活动的兴趣、参与程度和团队合作精神等方面。

6.个人进步评价

评估学生在体育学习过程中的个人进步和发展,包括技能提高、身体素质改善和战术意识增强等方面。

评价内容可以根据不同的学校、年级和课程要求进行调整和补充。评价方法包括观察记录、测试和测量、作品展示、口头表达和自我评价等多种形式。评价应该具有客观性、准确性和公正性,能够提供对学生发展有用的反馈和指导,激励学生积极参与体育学习,并持续改进自己的能力和表现。

(二)体育学习评价的方法

体育学习评价可以采用多种方法,应根据评价的目的、内容和学生特点进行合理选择。以下是一些常用的体育学习评价方法。

1.观察记录

通过观察学生在体育活动中的表现,教师记录其技能水平、战术应用、身体素质、合作能力等方面的表现。观察可以直接进行,或借助录像回放等工具进行。

2.测试和测量

利用测验工具对学生的体能、技能、认知等方面进行定量评估。例如,进行身体素质测试、技能测验、知识问答等。

3.作品展示

要求学生制作作品展示,如运动视频、战术分析报告、体育科普文章等,以展示他们在体育学习中的成果和对体育学习的理解。

4.口头表达

要求学生进行口头演讲、讨论或展示,分享他们对体育知识、技能和经验的理解和体会。

5.自我评价和同伴评价

学生进行自我评价,自我反思的学习过程和表现,进行互相评价,并提供反馈和建议。

6. 综合评价

综合考虑观察、测试、作品展示、口头表达等多种评价方法的结果，形成全面的评价意见和综合评分。

在选择评价方法时，教师需要注意评价方法的准确性、客观性和公正性，同时要根据学生的年龄、能力和特点选择适合的评价方式。此外，评价应该具有及时性，及时向学生提供反馈和建议，促进其进一步学习和发展。

第六章 高校体育教学评价体系的
建设研究

在体育教学中,成功有效的体育教学评价可以使学生受到极大的鼓舞,提高学生参加体育学习的积极性,促进学生体育潜能的发挥。在学校体育课程教学中,如何建设科学有效的体育教学评价体系,显得非常重要。

第一节 高校体育教学评价概述

一、体育教学评价的概念

(一)教学评价

教学评价主要是根据教学目标和教学原则,运用科学可行的评价方法,对教学过程和教学成果进行价值上的判断,从而提供一定的信息来不断改进教学,并对被评价对象作出某种资格证明。

教学评价主要是以教学目标为依据,对学生学习过程中的各个方面进行客观衡量和价值判断,促进学生的全面发展。从总体上讲,教学评价主要是对教师教的能力和教的效果进行价值判断,同时也是对学生学习能力和学习效果的一种价值判断。

(二)体育教学评价

体育教学评价主要是以体育教学本身为评价对象,根据体育教学的目标,运用一定的体育评价方法;根据相关评价指标体系,对体育教学过程和体育教学成果进行一定的价值判断,为促进体育教学的顺利进行,提高体育教学质量提供可靠的参考信息和依据,促进学生身心健康的全面发展。

二、体育教学评价的特征

(一)体育教学评价目标的发展性

体育教学主要是以促进学生身心健康,提高学生体育兴趣、体育情感、体育态度等为主要教学目标的教学过程,促进学生的全面发展是教育界所有人士共同的目标。从体育教学评价角度来讲,促进学生身心的全面发展是评价的重要目标。

(二)体育教学评价主体的多元性

随着体育教学的不断改革,体育教学的评价主体变得越来越多元化。体育教师和学生都应参与到体育教学评价体系当中,体育教师主要是对学生的体育学习过程和学习效果进行评价;而学生则可以对体育教师的教学过程和教学效果进行评价,从而不断形成一个教与学相互促进的评价模式。此外,也可以通过引导学生家长参与到体育教学评价中来,使体育教学评价变得更加客观和有效,更加全面、准确地反映学生身心的全面发展。

(三)体育教学评价方法的多样性

由于体育教学目标的多样性,在进行体育教学评价时,应该采用多样化的体育教学评价方法。多样化的体育教学评价方法,可以根据学生的特点进行相应的评价,采用不同的评价方法来评价学生的运动技能掌握情况,评价学生的体育知识和体育态度,同时还可以评价学生的体质变化情况等。总之,在进行体育教学评价过程中,应该采取多样化的体育教学评价方法,才能取得全面合理的体育教学评价效果。

三、体育教学评价的功能

(一)科学诊断功能

通过实施体育教学评价,体育教师可以客观、准确地评估体育教学的质量,从而对体育教学进行一次科学的诊断,促进学生更加清晰地认识到自己的体育学习效果,使体育教师可以更好地了解自己的体育教学效果,从而对体育教学过程进行不断改进和完善。

（二）调节功能

通过实施体育教学评价,可以使师生对体育课程教和学的情况进行一定了解,为促进体育教学活动的发展和完善提供依据。体育教师可以根据体育教学评价的结果改进自己的体育教学方法,学生可以根据相关评价结果来调整自己的体育学习策略。因此,体育教学评价具有一定的调节功能,使体育教师和学生可以调节自己的教与学的策略。

（三）激励功能

体育教学评价的另外一个重要功能是激励功能,通过体育教学评价,可以体现出体育教师的教学效果,同时也可以反映出学生的学习效果。通过这种结果反馈,可以激发体育教师的教学热情,激发学生的学习动机。科学合理的体育教学评价可以给体育教师和学生在心理上的满足和精神上的鼓舞,让体育教师和学生可以以更加积极的姿态投入以后的教学和学习中来。

四、体育教学评价的原则

（一）客观性原则

保持评价的客观性是体育教学评价最重要的原则,在进行体育教学评价时,一定要注意体育教学评价标准的客观性,不能随意更改体育教学的评价标准。在实施体育教学评价过程中,体育教学评价的方法和手段一定要保持客观性。

（二）全面性原则

全面性是体育教学评价必须坚持的重要原则。在实施体育教学评价过程中,一定要对体育教学活动中的各个部分进行全方位的评价,这是因为,体育教学是一个由很多因素组成的综合体。在这个过程中,一定要把握好主次矛盾,并区分轻重,促进体育教学评价的全面有效推进。

(三)科学性原则

在实施体育教学评价时,一定要注意对体育教学评价的科学性原则,只有科学合理地进行评价,才能保障体育教学评价的真正效果。在进行评价过程中,不断提高体育教学评价方法、标准以及程序的科学化。这里所说的科学性,主要是指体育教学评价目标和标准的科学性,还包括体育教学评价方法的科学性。

五、体育教学评价的方法

实施体育教学评价的方法包括很多。在具体实施过程中,一定要注意进行灵活使用,常见的体育教学评价方法主要包括以下几种。

(一)观察法

观察法,主要是体育教学评价者根据评价目标和评价计划对体育教学活动中的评价对象进行认真观察,掌握相关的评价资料,对体育教学评价对象进行评价的方法。

(二)问卷法

在实施体育教学评价过程中,问卷法是经常会被使用的一个方法。在这个过程中,通过科学严谨地设计相关问卷,能够准确合理地反映出体育教学的效果以及学生的体育学习效果,从而合理地进行体育教学评价。

(三)测试法

在我国的各级各类学校中,测试法是非常重要的一种体育教学评价方法。在运用测试法时,通常是从以下几个方面对学生的体育学习水平进行测试。

1. 体育理论知识的测试

在体育教学过程中,学生要学习的体育理论知识包括很多,其中,比较重要的包括体育文化知识、体育运动技术原理、体育竞赛规则、体育卫生保健知识等。在进行体育理论知识测试过程中,一定要把握好测试的重点,要全面、系统地检查和评定学生所学的理论知识,并且要学会灵活运用这些理论知识和能力。

2.身体素质测试

人的身体素质包括力量、速度、耐力、柔韧和灵敏等五项身体素质。在体育教学过程中,通过对学生身体素质的测验,可以准确反映体育教学的成果,这是体育教学评价方法的一个重要组成部分。

3.运动技能测试

体育教学的一个重要目标就是让学生掌握一定的运动技能。因此,应该对学生掌握运动技能的情况进行测试,运动技能的测试主要是以运动技能动作掌握情况作为主要评价依据,通过对学生运动技术动作的客观测评,获得学生掌握运动技能的情况。

4.体育情感及态度测试

体育情感及态度测试,主要是通过对学生体育兴趣、体育态度、体育价值观等情感进行测试。可以通过一些情感量表来进行测量,这在一定程度上也可以反映学校体育课程的实施效果。

六、体育教学评价的类型

(一)过程评价和结果评价

1.过程评价

过程评价,主要是指在体育教学过程中,对体育教学手段和方法进行评价。例如,完成一个体育教学目标,是用游戏法好还是用竞赛法好;完成某个体育技能的教学,用完整法好还是用分解法好;学生某种体育技能的习得,是自主学习好还是与同伴协作完成好;等等。这些都需要对体育教学进行过程评价。过程性评价主要是对学生体育学习和体育教学实施的监督性评估。

2.结果评价

结果评价主要是指通过一定的手段和方法对体育教学的实施效果进行评价,如对学生体育技能的掌握情况,对学生体质健康的提升情况,等等,都可以反映出体育教学的质量,从而对体育教学的实施进行适当调整和修改。

(二)相对性评价和绝对性评价

1.相对性评价

相对性评价主要是在被评价对象所在的群体中建立一个基准,通过对每一个评价对象都与基准来进行相应的比较,从而对群体中每一个成员的相对优劣进行判断。一般来说,相对性评价都是以群体中的平均水平来作为基准的,从而判断出每一个评价对象在群体中所处的位置。对体育学习成绩的判定一般是以群体的平均水平为基准,以个人成绩在这个群体中所处的位置来判断。此类评价有很多,如学生体质健康的达标评价等。

2.绝对性评价

绝对性评价主要是以体育教学目标作为参考依据,通过对体育教学设计的方案、教与学的成果做出相应的评价。这一评价方式,将评价的基准建立在被评价对象的集合或群体之外,通过将群体或集合中各个成员的某一指标同基准进行对比,来对其优劣做出相应的判断。

(三)定性评价和定量评价

1.定性评价

定性评价是指以达到指标体系中项目要求的程度或各种规范化行为的优劣程度来表达的标准,一般用评语或符号来表达。在体育教学评价的过程中,对体育态度、体育动机、体育兴趣等可以采用定性评价的方式。

2.定量评价

定量评价主要是针对体育评价资料所进行的"量"进行分析,它主要是通过采用多元分析、统计分析等方法，来对所获得的资料和数据所进行的定量结论的评价。

定量评价侧重于从"量"的角度得出有规律性的结论，体育教学会涉及有关人的因素。诸多变量及其相互之间的作用关系都比较复杂，所以为了对数据的特征及其规律性进行很好的解释，必须通过定性评价来对定量评价的范围和方向进行适当规定。

七、体育教学评价的指标体系

体育教学评价指标体系的建立是体育教学评价工作成败的重要方面，在制定评价指标体系时，应该将体育教学评价目标具体化，使评价目标变成具体量表和尺度，主要包括以下几个方面的指标。

（一）与体育教学目标本身相关的指标

在进行体育教学评价时，首先要对体育教学目标本身的实现情况进行评价，这些指标主要包括三个方面的指标，分别是体育认知、体育情感和体育技能。体育认知主要是包括对体育文化的理解、识记、综合、运用四个层次；体育情感可以分为接受、反映、性格化、价值化四个层次；体育技能领域可以分为知道、学会、熟练三个层次。

（二）与学生体育学习相关的指标

1.体育课堂中学生的表现

在体育教学过程中，体育教师可能会提出一些问题，通过学生在体育课堂中的表现，可以在一定程度上反映学生的体育学习情况。例如，学生对所提问题的最初反应是热烈、高兴、很快举手，还是不很主动但有思考，或是不理会、回避甚至恐惧；学生回答问题时的反应是思路敏捷、叙述流畅、答案正确，还是表达了思想但答案不完全正确，或是思路不畅、叙述不清、回答错误。

2.学生进行体育学习的态度

在进行体育学习的过程中，学生如果能够主动地围绕体育教师的讲解和提问进行思考,并且积极进行体育技能的学习,针对不太懂的地方积极向同学和体育教师进行提问。刻苦参加体育训练,说明学生的体育学习态度是非常积极的,可以在一定程度上反映学生的体育学习情况。

(三)与体育教师教学相关的指标

1.体育教师的综合素质

在实施体育教学评价过程中,通过对体育教师的综合素质进行评价,是重要的评价组成部分,在这个过程中,主要是对体育教师的教学水平进行判断,对体育教师的体育理论知识、体育教学能力等方面进行判断。通过判断体育教师在体育授课过程中的具体表现来进行综合判断,对体育教师的综合素质有一个总体上的认识。

2.体育课堂控制能力

主要是对体育课堂的控制情况进行分析,从处理偶发事件的效果上推断教师维持正常体育教学秩序的能力。

3.体育教学仪态

主要是从体育教师的教态、仪表等方面进行评价和分析,如果体育教师非常大方、自然和亲切,那么在体育教学过程中,就能吸引更多的学生参与其中。

4.体育教学技能

体育教学技能在一定程度上可以反映出体育教师的教学水平,通过观察体育教师的口语表达技能、示范技能和体育教学工作技能(包含体育教学设计、使用媒体、体育课堂教学和体育教学研究等技能),对体育教学技能进行评价是体育教学评价的重要一环。

八、体育教学评价的实施

体育教学评价的实施过程主要包括以下四个步骤。

（一）确立体育教学评价目的

在进行体育教学评价时,首先要确立体育教学评价的目的,这是因为不同的评价目的,需要采取不同的评价方法和评价手段。如果需要对体育教师的教学方法进行评价,那么在进行评价的过程中,可以采用相关的评价理论;如果需要对体育教学思想进行评价,那么就应该运用相关教学思想的理论进行评价;如果需要对体育教学效果进行评价,那么就要通过对学生体育课程的学习情况进行评价;等等。

（二）成立体育教学评价小组

在确立了体育教学评价的目的之后,应该成立体育教学评价小组,组成一个由体育专家、体育教师、学校领导组成的体育教学评价小组。成立体育教学评价小组的主要目的是更有效率地实施体育教学评价,为体育评价工作提供足够的智力支撑。

（三）制定体育教学评价指标体系

为了更加准确客观地实施体育教学评价,应该制定一套体育教学评价指标体系。在制定体育教学评价指标体系时,首先要确定一级指标,然后将一级指标分解成二级指标,随后再将二级指标分解成三级指标,使每个上级指标都包括一个下级指标群,每一个下级指标都是其上级指标的具体化,从而构成合理的体育教学评价指标体系。

（四）收集体育教学评价所需要的信息

在制定了体育教学评价指标体系之后,收集体育教学评价所需要的信息就成为关键部分。在收集相关信息时,可以采取观察法、问卷法、访谈法、文献资料法、测验法等。

九、体育教学评价的意义

科学合理的体育教学评价,可以有效提高体育教师的教学水平,让体育教师不断改进自己的体育教学方法,从而不断提高体育教学的质量。同时,体育教学评价可以使学生更加了解自身体育课程的学习效果,从而不断调整自己的体育学习方法,改变自己的体育学习态度,更加有效合理地学习体育课程。此外,通过实施体育教学评价,可以为体育教学研究工作提供分析和研究的数据和资料,从而促进体育教学的可持续发展。总之,体育教学评价是促进体育教学发展的重要组成部分,也是提高体育教学质量的重要手段,必须给予足够重视。

第二节　高校体育教师教学评价

一、对体育教师综合素质的评价

在体育教学过程中,体育教师是体育教学的主导者,体育教师综合素质的高低对体育教学的质量有着深刻的影响。[①] 体育教师的综合素质主要包括思想政治素质、理论知识素质、能力结构素质和可持续发展素质等几个方面。

(一)思想政治素质

体育教师作为体育教育者,首先要具备过硬的思想政治素质,这也是体育教师必须具备的基本素质。在具体评价过程中,对体育教师思想政治素质的评价主要包括政策的贯彻和执行、工作态度、道德修养、行为习惯等方面。此外,体育教师的职业道德素质也是思想政治素质的重要组成方面,它要求体育教师对工作积极负责,并且一定要尊重学生,对学生一视同仁。对体育教师的思想政治素质进行评价时,可以采用教师评价和学生评价相结合的方式。

(二)理论知识素质

体育教师的理论知识素质,主要是指体育教师所掌握的理论知识的宽度和深度。通常情况下,体育教师不仅需要掌握体育理论知识,还要掌

---

① 许万林,王云升,刘少敏,等.高校体育教师教学能力评价因素选择及其机制构成[J].经济研究导刊,2021(20):86—89.

握体育教学的基本规律以及学生身心发展的规律等相关知识，这样才能在体育教学过程中游刃有余，不断提高体育教学的质量。因此，应该对体育教师的理论知识素质进行评价。

（三）能力结构素质

能力结构素质主要是指体育教师完成体育教学工作的能力，在体育教学的设计、组织以及体育教学内容的讲解等方面。

体育教师的能力结构素质还包括教师的身心素质。体育教师具有良好的身体素质是保障体育教学工作正常有序开展的基本条件。教师的心理素质则主要是指教师思维的敏捷程度、逻辑思维能力以及其洞察力等方面。总之，如果一名体育教师的能力结构素质越强，那么体育教学就越能够顺利地实施。[①]

（四）可持续发展素质

教师可持续发展素质指的是教师接受和学习新知识、新技术、新思想的能力。体育教师只有不断提高自身的知识储备，不断学习和进步，才能够适应体育教学发展的要求，才能够推陈出新，不断深化教学研究和教学改革，促进体育教学的顺利进行。

二、体育教师教学评价的评价主体

（一）学生

学生作为体育教师教学的直接接受者，对体育教师课堂教学的评价具有重要的参考价值。学生对体育教师进行评价时，可以从体育教师的仪表、体育教学组织能力、体育教学语言、体育教学方法、体育教学内容、师生交流情况等方面进行评价。

（二）学校分管领导

在学校教育中，往往存在一些领导分管着体育教学，因此，对体育教

[①]　徐继平.普通高校公共体育教师教学能力评价系统研究[J].体育风尚，2022（14）：82－84.

师的教学评价,分管领导也可以参与其中。领导通过观摩体育教师的课堂教学,并根据自己的长期教学经验,从而提出一些自己的见解。虽然分管领导不是专业的体育教师,但是他们往往有着丰富的教学实践经验,可以给体育教师一些比较好的建议,供体育教师参考。

(三)体育教师同事

在对体育教师进行体育教学评价时,体育教师同时也是一个非常可取的评价主体,这是因为体育教师之间的相互评价可以有效促进教师的成长。教师同事之间的评价是一项专业性较强的工作,可以保障体育教学评价的信度和效度。在进行评价过程中,应该保持民主、和善和虚心学习的心态,进行教学评价的手段可以采用日常教学观察、教学课评优、教学研究活动等。通常情况下,体育教师同事的评价具有非常强的专业性,值得进行参考。

三、对体育教师教学实施情况的评价

(一)体育新课程标准的落实

体育新课程标准的落实,主要是通过观察体育教学是否符合体育新课程标准的目标。体育教师在教学过程中应该根据体育教师是否已经完成了体育新课程标准所规定的教学任务与教学内容等开展评价。具体而言,主要包括,体育教学是否符合学生身心发展的特点,是否按照体育教学目标的具体要求来实施体育教学。

(二)体育教学思想

作为一名体育教师,应该具备正确的体育教学思想,从而保障体育教学活动的科学性。体育教师应该具有创新思想,在实施体育教学的过程中,不断改进自己的体育教学手段和方法。

(三)体育教学内容

体育教学内容是体育教学的重要组成部分,在教授具体体育教学内容时,既要做到丰富全面,又要突出重点。在体育教学实践过程中,体育教学内容的安排与教学目标一定要相适应,并且教学内容应该能够促进学生身心素质的全面提高,促进学生体能、技能、心理素质、社会适应能力和意志品质等方面都得到全面提高。

(四)体育教学方法和手段

在对体育教师进行体育教学评价时,应该对其使用的体育教学方法和手段进行评价。从整体上讲,体育教学的方法和手段一定要符合体育教学原则,体育教师应该选择适合学生身心发展的体育教学方法,不断激发学生的体育学习兴趣。同时,体育教师所采用的体育教学方法应该可以提高学生分析问题和解决问题的能力,培养学生的创新思维能力。此外,体育教师所采用的教学方法还应更好地促进体育教师和学生之间的沟通和互动。随着现代信息技术的不断发展,一些新形式的体育教学方法也逐渐应用在体育教学中,如慕课、翻转课堂等模式,这些方法和手段都很好地促进了体育教学的顺利进行。

(五)体育教学技能

体育教学技能是体育教师应该具备的最重要的能力素质。在体育教学过程中,体育教学技能可以很好地促进体育教学过程的顺利进行。体育教师应该充分整合多种体育教学资源,创设良好的体育教学环境;应该与学生形成良好的互动关系,并可以用规范、形象的语言进行讲解,同时,其示范动作也应该做到规范和优美;对于教学过程中的突发事件,体育教师也应该冷静、沉着地应对,保证体育教学的顺利进行。

(六)体育教学目标

在对体育教师进行评价时,体育教学目标的实现是非常重要的一个评价因素,这也是体育教师教学效果的直接体现。可以通过学生对体育知识和体育技能的掌握情况,体育兴趣和体育习惯的形成情况,学生体质健康的提升以及学生心理素质、人格等的完善情况进行具体评价。体育教学目标的实现是体育教师教学成果的结晶,是体育教师教学评价的重要组成部分。

第三节 高校学生学习评价

一、学生学习评价的主要内容

对学生进行体育学习的评价是体育教学评价的重要组成部分,通过对学生体育学习进行评价,可以使体育评价者对体育教学目标的完成有一个更加深刻的了解,从而为体育教学评价提供更好的反馈信息,促进学生的体育学习。通常情况下,对学生学习的评价主要包括以下几个方面。

(一)体质健康促进情况

促进学生的体质健康是学校体育教学的重要目标之一。因此,应该对其进行测量和评价,具体的指标体系可以参考国家相关文件执行。

(二)体育学习态度和情感

在对学生进行体育学习评价时,应该对学生的体育学习态度和情感进行评价,这在一定程度上可以反映体育教学的实施效果。通常情况下,对学生体育学习态度和情感的评价可以从以下几个方面进行。

第一,学生是否积极主动地参与体育课程的学习,主要通过观察学生在上课的出勤积极性得出结论。

第二,能否积极主动地思考体育教师提出的问题,为达到体育课程目标,反复进行各种技术动作的练习。

第三,对各种体育课程的学习都充满着好奇心和兴趣。

第四,虚心接受体育教师的指导。

第五,充分利用课余时间进行体育技能的训练。

第六,和同学积极讨论体育课程学习中遇到的各种困难和问题。

第七,积极参加学校组织的各种体育活动和竞赛。

(三)体育文化知识

学生参与体育课程学习,必须掌握一定的体育文化知识,成为真正热爱体育的人。因此,应该对学生掌握体育文化知识的情况进行评价,在对学生进行体育文化知识的评价时,可以从以下几个方面进行评价。

第一,体育的功能和价值。

第二,各种体育项目的起源和发展现状。

第三,我国竞技体育和群众体育发展情况。

第四,体育比赛的欣赏能力。

第五,我国民族传统体育的发展情况。

(四)体育技能习得情况

体育教学的一个重要目标就是让学生掌握一定的体育技能。因此,必须对学生的体育技能习得情况进行评价。在进行体育技能评价时,一般根据相应的量化指标或是体育竞赛的形式进行考核,如对学生的篮球运动技能进行评价时,可以通过对投篮投中的次数进行评价,也可以通过在小范围的篮球比赛中,对学生的篮球运动技能掌握情况进行评价。

(五)心理健康和社会适应能力

体育教学的一个重要目标就是促进学生心理健康和社会适应能力的提高。经过长时间的体育课程训练之后,学生展现出积极、乐观、自信、坚韧等方面的品格,并且可以很好地调节自己的心理状态,那么,学生的心理健康水平就得到了一定的发展,体育教学的目标也就得到了一定的实现。培养学生良好的社会适应能力也是体育教学的一个重要目标,良好的社会适应能力主要表现为尊重他人、懂得换位思考、具有良好的人际交往能力、团队协作能力等。在评价和测量其心理和社会适应能力时,可参考相应的心理学量表进行测量。

二、体育教师对学生学习过程的评价

体育教师对学生学习过程的评价,是体育教学评价中一种比较常用的评价方式。这是因为评价的主体既是比较有经验的教师,又是能反映教学效果和教学过程的学生。

过程性评价又称为形成性评价,是指在体育教学活动过程中,为了及时了解情况,明确活动运行中存在的问题,及时修改或调整活动计划,以期获得更加理想的教学效果所进行的一种即时性评价。过程性评价较为重视评价反馈功能的发挥,通过采用各种评价方法与工具经常对学生的学习进行评估,并将结果及时反馈给学生,因而能够实现对教学和学习的有效控制。因此,过程性评价具有直接、具体、及时和针对性强的特点。过程性评价所涉及的内容多,方法与手段也十分灵活多样。

过程性评价的评价内容包括学生的体育态度(包括体育参与意识、体育课堂表现、学习的努力程度、体育课出勤等),体育知识(包括所学项目的健身价值、基本技术要求以及体育锻炼方法等),体育行为能力(包括学习与锻炼的方法、自控能力以及良好习惯的养成等)。过程性评价的主要方法包括:表扬、批评、激励、抑制等;过程性评价主要采用的评价手段包括:口头指示、眼神、手势、简短评语、技能小测验、问卷等。

三、体育教师对学生体育成绩的评价

体育教师对学生体育成绩的评价是体育教师对学生体育学习效果的"总结性"评价。这种评价一般会在学期、学年或者某项体育课程结束以后进行,为了判断教学的实际效果而进行的评价。对学生体育成绩的评价可以分别对学生的体育课学习情况、体育基础知识的掌握情况、身体素质和运动能力的提高情况、运动技能与技巧的习得情况等进行评价。

四、学生学习的自我评价

学生对自己学习过程的评价属于自我评价,主要包括学生互评和学生自评两个方面,是对学生的成绩进行评定的一个重要组成部分,有较高的参考价值,是教师对学生评价的补充。

(一)学生互评

学生互评是针对体育学习小组里的学习成员进行相互评价和鼓励的手段,进行学生互评有助于学生提高自己的观察能力和评价他人的能力,有助于学生之间形成团队意识。但是,在进行学生互评时,应该注意以下几个方面的内容。

第一,将学生互评的结果引入评价结果当中,注意合理分配教师评价、学生自评、学生互评的权重。

第二,要经常使用学生互评,而不是仅使用一次或两次。

第三,要不断引入正确、合理的评价指标。

第四,引导学生进行公正、客观地评价。

(二)学生自评

学生自评是指学生对自己的学习态度、运动技能、情意表现、运动参与以及合作意识等所进行的综合评价。

"学生自我评价"的内容包括:学习目标、参与程度、学习效果以及拼搏精神等,方法可采用自评、自省、自我暗示、自我反馈等,手段包括目标的回顾、成绩前后对比、学习卡片、行为的检点等。

在进行自我的评价过程中,应该采用随堂记录卡、制订体育学习计划、体育锻炼日志等方法进行。

第四节　体育教学评价体系的建设对策

一、体育教学评价的价值重塑

(一)体育教学评价理念的价值重塑

在新时代,体育教学的理念为:以人为本,健康第一,促进学生的全面发展。因此,在进行体育教学评价时,也应该继续贯彻这样的理念,在具体进行评价的过程中,应该注重教师和学生的主体地位,把学生健康放在体育教学评价的首要地位,并把促进学生的身心全面发展放在体育教学评价的重要地位。

(二)体育教学评价主体的价值重塑

多元化的评价主体是体育教学评价的发展趋势,因此,应该采取多元化体育教学评价主体的价值理念。在实施体育教学评价的过程中,除了发挥体育教师的主导作用以外,应该将学生纳入评价体系中来,只有学生的参与,才能保障评价的完整性和合理性。在整个评价体系中,各个评价主体是平等协作的关系。因此,应该积极发挥各个评价主体的作用,促进体育教学评价的不断完善。

(三)体育教学评价内容的价值重塑

在进行体育教学评价过程中,主要是对体育教学评价的内容进行重塑,要全面地对体育教学的各个方面进行评价。通过对学生体育学习效果、体育教师教学情况、体育教学过程等各个方面进行评价,建立一个全面有效的体育教学评价体系。

二、体育教学评价体系建设的具体对策

(一)更新体育教学评价的理念

目前,我国正在不断推行素质教育,而体育教育是实施素质教育的重要组成部分。[①] 因此在进行体育教学评价时,一定要更新理念。首先要将素质教育的理念融入体育教学评价体系当中,将学生思想道德素质、体育文化素质、体育技能素质和身心健康发展素质等内容都纳入评价体系当中去,才能实现体育教学的目标,促进学生的全面发展。

此外,在健康中国的时代背景下,"健康第一"的理念也应该成为体育教学的重要理念。因此,在体育教学评价过程中,一定要对学生的身心健康作出正确的评价,从而适应时代发展,促进体育教学目标和任务的达成。

(二)采取多元化的体育教学评价目标

传统的体育教学评价主要是以学生是否习得体育技能为评价的主要目标。随着体育与健康新课程改革的不断推进,体育课程的学习目标包

---

① 刘玉明,周一志. 高等教育改革论丛 第 5 卷[M]. 武汉:武汉工业大学出版社,2000:438.

含了运动参与、运动技能、身体健康、心理健康、社会适应健康等多方面的目标。因此在进行体育教学评价时,应该从多个维度考虑体育教学评价的目标,做出全方位的体育教学评价。

(三)整合体育教学评价的内容

当体育教学目标确立和完善以后,应该对体育教学评价的内容进行整合,不断完善体育教学评价内容,主要包括对学生体育技能的掌握,体育态度和情感的评判,学生身心健康的不断发展等。通过整合体育教学评价的内容,可以使体育教学评价体系变得更加完善。

(四)运用多种体育教学评价方法

1.结果性评价和过程性评价相结合

在体育教学评价中,不能只进行结果性的评价,对学生通过体育课学习的运动技能水平进行评价,还应该结合学生在体育学习过程中的态度、情感等因素进行过程性评价。将结果性评价和过程性评价紧密结合起来,可以使教学过程变得更加合理,从而提高教学的质量。

2.定性评价和定量评价相结合

在体育教学评价过程中,要注意将定性评价和定量评价结合起来,不能只进行定性评价,也不能只追求定量评价。例如在足球教学中,不能单单以学生颠球数量的多少来判定学生运动水平的高低,应该结合学生在整个学习过程中的体育参与度、体能水平等综合判定。而在进行专项体能的教学时,如跑动的距离、仰卧起坐的数量等有一个明确的要求,从而实现体育教学的目标。因此,在体育教学过程中,一定要注意将定性评价和定量评价结合起来。

3.整体性评价与个体差异性评价相结合

对于一堂体育教学课来说,通过对全体学生学习效果的整体评价,是对体育教学效果的检验指标。但是,由于学生身体素质和运动能力的不同,导致在体育学习时,不可能取得同样的效果,必须有针对性地进行个体差异性的评价。区别化对待,有利于使学生建立体育学习的信心,使学生对自己的体育学习效果有一个更加清晰的认识,从而更加积极地参与到体育学习中去。

4.诊断性评价、形成性评价和终结性评价相结合

体育教学评价应改变以往单一的评价方式,实行综合评价,即有机地将诊断性、形成性和终结性评价结合起来进行评价。这三个评价方式各具特征与优势,诊断性评价有利于检查学生对某一教材的学习准备状态;形成性评价有利于及时发现体育教学过程中存在的这样或那样的问题,并在发现之后及时进行反馈,反馈结果有利于完善体育教学工作;终结性评价有利于检查某一阶段的教学情况,从而对这一阶段的教学水平有一个清楚的认识。有机结合这三种评价方式,有利于促进体育教学评价的发展与完善。

5.教师评价与学生评价相结合

传统的体育教学评价是以教师评价为主体地位的,这种评价方式不能很好地反映体育教学的实施效果。在评价过程中,应该采取教师对学生的评价、学生对体育教师的评价、学生之间的评价以及学生自评相结合的方法,从而实现评价主体的多元化,提高评价真实度。

(五)采用多种体育教学评价手段

在具体实施体育教学评价的过程中,应该采用多种体育教学评价手段,除了传统的体育技能水平达标测试以外,还可以采用先进的可穿戴设备进行体育学习的监督和评价。此外,针对学生体育文化的学习,可以通过向学生布置一些体育作业,如通过让学生制作PPT讲述自己对某个体育项目的认识。通过学生参与校园体育活动的次数以及体育社团的情况来评价学生体育学习的积极性等。

(六)建立合理的体育教学评价机制

体育教学评价在体育教学过程中占据着非常重要的地位,应该建立

一个合理的体育教学评价机制,在这个机制中,各个评价要素一定要紧密结合。通过不断更新体育教学评价的理念,明确体育教学评价的目标,完善体育教学评价的内容,建立科学的体育教学评价方法,从而不断建立一个合理的体育教学评价机制,保障体育教学评价的顺利实施,为体育教学的顺利实施不断保驾护航。

参考文献

[1]陈吉.现代高校艺术体育教学的发展趋势与实践研究[M].北京:中国原子能出版社,2023.

[2]陈泽刚.高校体育教学改革创新与发展研究[M].长春:吉林出版集团股份有限公司,2022.

[3]董波.高校体育管理研究[M].西安:西安交通大学出版社,2017.

[4]冯坤野.体育教学的信息化教学理论与实践研究[M].北京:中国水利水电出版社,2018.

[5]冯元喜.现代教育技术下高校体育教学的改革与发展研究[M].长春:吉林出版集团股份有限公司,2023.

[6]高立群,王卫华,郑松玲.素质教育视域下大学生体育教学改革研究[M].长春:吉林人民出版社,2019.

[7]郭敏进.新形势下高校体育教学跆拳道课程体系发展与创新研究[J].休闲,2019(6):150.

[8]韩秀英.高校体育教学发展研究创新[M].长春:吉林出版集团股份有限公司,2022.

[9]何波.高校体育舞蹈课程研究与科学教学指导[M].北京:中国水利水电出版社,2017.

[10]李进文.高校体育教学与体育文化融合发展研究[M].北京:中国原子能出版社,2021.

[11]刘慧.高校公共体育健美操课程内容体系的构建研究[J].冰雪体育创新研究,2023(15):17−20.

[12]刘佳.高校体育舞蹈课程研究[M].长春:吉林出版集团股份有限公司,2019.

[13]刘永科,齐海杰.高校体育教学改革创新与发展研究[M].北京:中国原子能出版社,2022.

[14]马若晨.高校体育课程教学改革与发展研究[J].四川工商学院学术新视野,2022(4):7－9.

[15]马腾,孔凌鹤.现代体育教学改革与信息化发展研究[M].北京:中国商业出版社,2018.

[16]邱建华,杜国如.体育与健康教学研究[M].南昌:江西科学技术出版社,2019.

[17]邵斌,顾红,柏慧敏,等.大学公共体育专业化教学改革理论与实践[M].上海:上海大学出版社,2015.

[18]邵林海.地方高校体育教师专业发展研究[M].北京:冶金工业出版社,2018.

[19]王国军.转型发展背景下普通高校体育课程体系的构建[J].吉林工商学院学报,2020(2):126－128.

[20]王津津.高校公共体育瑜伽课程教学创新研究[J].冰雪体育创新研究,2023(13):76－78.

[21]王丽丽,许波,李清瑶.教育技术在高校体育教学中的实践探索[M].长春:吉林人民出版社,2021.

[22]肖艳丽,臧科运,薛敏.我国体育课程价值取向研究[M].西安:陕西科学技术出版社,2020.

[23]杨榕斌.体育强国视域下高校体育教学创新发展研究中国[M].北京:中国原子能出版社,2022.

[24]杨艳生.体育教学改革与创新实践研究[M].长春:吉林人民出版社,2021.

[25]周遵琴.高校体育教学改革与发展[M].成都:电子科技大学出版社,2015.

[26]朱丽丽,李波,吕守峰.体育强国背景下高校体育教学发展研究[M].长春:吉林出版集团股份有限公司,2023.

[27]朱明江.高校体育教育发展情况分析与改革研究[M].北京:中国水利水电出版社,2018.

[28]朱元明.高校体育教学模式与创新发展研究[M].长春:吉林出版集团股份有限公司,2022.